시인은 시를 쓴다 4

2019/2020 annual book
society of seoul poets

# 시인은 시를 쓴다 4

서울시인협회 연간사화집 2019/2020

문화발전소

## 시인은 시를 쓴다 - 4집을 펴내면서

"시집은 시인의 우주라는 생각을 하게 되었다. 거기에는 작으면서 예쁜 우주도 있었고, 무변광대한 큰 우주도 있었다. 칼 세이건이 말했다. 이 '창백하고 푸른 점'은 시인들이 있음으로써 엄청난 영적 질량을 갖고 있음을 알았다. 참된 시인들이 있는 한 이 '창백하고 푸른 점'은 영원한 우주의 중심이리라."
서울시인협회 초대 회장인 유자효 시인이 엮어 펴낸 사화집『잠들지 못한 밤엔 시를 읽었습니다』(문화발전소)에 쓴 머리말입니다. 창백하고 푸른 점일 뿐인 지구에 시인이 있음으로써 우주의 중심이 된다! 이 얼마나 멋진 비유입니까.

지금 우리 주위에는 "시인이 뭘 할 수 있겠어?" 하며 스스로 자책하고, 자신이 시인임을 폄하하며, 시인이 너무 많아! 하며 한탄하는 분들이 많습니다. 문화환경의 변화에 적응하지 못한 때문입니다. 디지털이 문화예술계를 휩쓸면서 다양한 대중문화가 쓰나미로 몰아쳐 오자 오랫동안 고고한 예술의 상징 같았던 시詩의 존재 가치가 사라진 것은 아닐까요. 그래서 이미 "시는 죽었다"고 극단적 주장을 하는 이들도 등장했습니다.

과연 그럴까요?
아닙니다. 독자가 이해하건 말건 시인들만이 이해하는

'당신들(시인)만의 리그'를 버린다면, 시는 예전과 다름없는 존재
증명을 할 수 있습니다. 시인이 무엇 하는 사람입니까? 시인은
모름지기 '시를 쓰는 사람'이라는 자각이 더욱 필요한 때입니다.
지난 가을시인학교에서 이문재 시인은 특강에서 말했습니다.
시인을 요리사로 비유하면서, 자신이 먹기 위한 요리(시)보다는
손님(독자)을 대접하는 요리를 만들어야 한다고 했습니다.

분명해졌습니다.
시인은 시를 쓰는 사람이라는 자각을 갖고 시를 쓰되, 자기 혼자만의
만족을 위해 그 시를 쓰기보다는 독자에게 읽히기 위해 써야 한다는
사실입니다. 이제부터는 '변변찮은 작품'이라거나 '졸시拙詩'라는
말은 아예 쓰레기통에 버리십시오. 자신의 시를 존중하지 않으면
아무도 사랑하지 않습니다. 독자를 소중하게 대우하십시오. 그리고
당당하게 말하십시오. "제가 쓴 맛있는 시를 한번 맛보십시오."


2019년 12월
서울시인협회장 민 윤 기

# CONTENTS

4 머리말 - 민윤기
12 일러두기-편집자가 독자에게

## ㄱ - 강 고 곽 구 권 기 김

14 **강기수** 그리운 그곳/ 하늘의 소리
16 **강동희** 트레킹
18 **강수니** 물신/ 소의 눈물
20 **고영일** 태양은 구름을 일렁이게 한다/ 멈춰 선 롤러코스터
22 **고용석** 앉은뱅이 의자/ 가을 산사
24 **곽종철** 시의 맛/ 다짐하고 또 하고
26 **구재면** 묘한 두려움/ 행복의 초상
28 **권근화** 피어나거라/ 첫눈
30 **권기일** 그대를 좀 더/ 그 골목 길
32 **권덕행** 엄마/ 닭개장
34 **권은중** 통나무 의자/ 한 끼에 대한 단상
36 **기성서** 승마체험1/ 승마체험2
38 **김건일** 아침 목련/ 땅 2
40 **김경진** 나비 효과/ 문장들
42 **김기동** 내가 할 일/ 빛바랜 낙엽
44 **김기준** 시선을 그리며/ 옛 친구를 그리며
46 **김동성** 좋겠다/ 꽃구경
48 **김 란** 삼은리/ 마법의 모자
50 **김명숙** 갯메꽃/ 밤의 눈
52 **김민자** 이 세상을 누가 끌어 줄까/ "왜"라는 질문
54 **김병준** 신오감도 시제6호/ 신오감도 시제7호

56  김봉균 길상사 못다 핀 꽃무릇/ 어매
58  김선옥 벌레/ 미지의 흰 새
60  김성춘 희망의 정석/ 2월
62  김순영 흙을 품다/ 말을 빚고 담다
64  김애란 진실/ 풍선
66  김영선 초보운전/ 그대에게
68  김영희 어느 코끼리의 꿈/ 낙하산 체험
70  김용분 이소/ 푸른 뱀의 노래
72  김용아 누군가의 이야기를 들어주기만 해도/ 제장마을 가는 길
74  김용언 겨울에게/ 부산행 열차를 타다
76  김윤겸 부부/ 씨 없는 곶감
78  김윤태 하트/ 사랑 필요한 시간
80  김자중 새를 보다 사랑을 보다/ 가시
82  김재원 그대 앞에 무릎을 꿇고
84  김정애 유엔조사단이 오는 날
86  김정원 금빛나무/ 눈사람의 말
88  김정현 떠나고 싶어도 떠나지 못하는/ 사랑하라 사계절을
90  김종섭 멸치처럼 눕다/ 기억의 저편
92  김준호 메주/ 어머니의 홈런
94  김지소 산의 노래
96  김지유 꼿꼿한 벼에게/ 벚꽃
98  김창범 강을 건너온 사람/ 운현궁을 지나며
100 김태선 양귀비를 닮은 사람들/ 공작기계도 강한 쇠가 살아남을 수 있다
102 김행숙 어떤 봄날/ 가을비
104 김현숙 봄밤/ 밥그릇을 위하여
106 김혜경 쥬시후레쉬껌/ 서어나무 정류장
108 김혜숙 노란 편지지/ 겨울이 오고 눈은 내리고

## ㄴ - 남 노

112 **남민우** 청포도의 꿈/ 철들어 간다는 것은
114 **노석주** 숲속에서/ 사랑해
116 **노수옥** 이사/ 봄엔 다 그래요
118 **노 희** 해찰/ 친구

## ㅁ - 명 문 민

122 **명재신** 아라비안나이트1/
    아라비안나이트 3
124 **문일석** 친구 어서 오게/
    갠지스 강에 띄운 꽃불
126 **민문자** 밀어/ 행복한 여자
128 **민영기** 저녁 강/ 그저
130 **민윤기** 광화문에서는/ 너는 행복하겠다
132 **민인자** 꽃과 신발/ 날아가는 새

## ㅂ - 박 방 백 변

136 **박기화** 남겨도 남겨지지 않을/ 봄, 변비
138 **박나나** 풍경을 그리다/ 이팝나무 그늘에서
140 **박성웅** 가을밤 조각달/ 감이 익을 무렵
142 **박소해** 묘비명/ 빈집털이 범
144 **박수수** 새점 치던 노인/ 자갈산의 흰 돌
146 **박영선** 쓰레기를 염하다/ 보름달
148 **박용섭** 봄날/ 칼날
150 **박이영** 의자는 서 있다/
    눈을 뜨고도 보이지 않는 각도가 있다
152 **박일소** 멸치쌈밥/ 공룡발자국
154 **박 잎** 북항에서/ 화석

156 **박창호** 내가 쓰는 시/ 몰매
158 **박천서** 석화/ 녹동항에서
160 **박현구** 어시장 취나물/ 채굴
162 **박효석** 우리 아파트 들꽃/ 장미꽃 생화
164 **방지원** 질마재 길/ 사막의 혀/
166 **백승문** 번갯불 문신/ 애향의 집
168 **변 윤** 나의 봄/ 지하철에 걸린 명화

## ㅅ - 서 성 소 손 송 신 심

172 **서순남** 다랭이마을에 동백꽃 지다/
    만석동
174 **서정리** 당신의 옆/ 그림자의 서정
176 **서정혜** 모하비 사막에는 그대가 있다/
    그 가을에 대한 여러 이야기
178 **성숙옥** 다시, 꿈/ 사랑초
180 **소재호** 시인은/ 안개
182 **손수여** 백목련/ 복 들어온 날
184 **송낙현** 지구의 건강/ 끝사랑
186 **송영숙** 석양/ 바라는 대로
188 **송일섭** 왜구의 일기/ 피슈
190 **신기선** 일천만 개의 꽃/ 네 개의 구둣발

192 신기섭 미적분/ 0의 진실
194 신남춘 틈/ 그리운 고향 집
196 신순임 홍수/ 해후
198 신정아 노란 폴더/ 진짜 찾기
200 신현봉 묵시적 청탁/ 휘날리는 태극기
202 심상운 가을에/ 북한산 각황사의 옹달샘
204 심재옥 국화/ 오이도

○ - 남 안 양 여 염 오 옥 원 위
　　유 육 이 임

208 안수환 바람/ 호근북로길
210 안재식 도깨비시장/ 산국 이야기
212 안재찬 견고한 도전/ 굴포스
214 안정윤 우리 완두/ 그릇을 닦으며
216 안혜초 나무는 일 년 내내 시를 쓴다/
　　　　바로 이 순간
218 양재영 단풍 구경/ 아픔의 흔적
220 여서완 멘탈 박스/ 밤비
222 여인어 냉동실에 깊은 밤이 드리우고
224 염정금 풀린다는 것은 소통이다/
　　　　가을 연못
226 오낙률 그리움12/ 포도주 잔의 독백
228 오정희 내 안의 시/ 숨 고르기
230 옥세현 사모곡/ 광화문 연가
232 용 하 송이/ 첫사랑
234 원임덕 가을무우/ 새벽이 온다
236 위상진 시계 수선공은 시간을 보지 않는다

238 유자효 모국어/ 공수교체
240 유정남 소금꽃/ 발에 대한 독백
242 유준화 국숫집에서/ 집밥
244 유회숙 하늘공원 나무의자/ 넝쿨장미
246 육정균 대변항으로 오라!/ 반석
248 이관일 어제는/ 고백
250 이근배 나, 갈라파고스/ 내가 도깨비 되어
252 이근봉 왕산 해수욕장에서/ 습지공원
254 이나경 사랑 28/ 사랑 31
256 이복연 모든 것은 지나간다/
　　　　가을 호암산에서
258 이상록 무제/ 엄마
260 이상현 그런 사람 그런 사이/
　　　　무심히 바라보면
262 이송령 여기서/ 귀가
264 이 숨 구름의 낙법/ 수섬이 그린 뻘기꽃
266 이영균 착각의 순도/ 편자
268 이영춘 오늘은 같은 길을 세 번 건넜다/
　　　　거미줄 난간
270 이오장 석양 앞에서/ 절정
272 이옥주 어떤 법칙/ 무늬
274 이재호 버리자/ 낯술
276 이정숙 여시인연
278 이정식 가을 산/ 내게 말하리라

- 280 이종범 작은 바위가 말했다/ 폭탄선언
- 282 이지영 날개/ 엄마의 숙명
- 284 이춘만 새재를 넘는 바람/ 여행
- 286 이충재 저 너머 그 꽃밭/ 쓿개를 씹으며
- 288 이하재 달은 별빛을/ 바다로 간 토끼
- 290 이한센 사랑/ 태양
- 292 이현실 소리의 계단/ 그늘의 밥
- 294 이화인 막사발/ 매미
- 296 이효애 존재/ 바꾸기로 했습니다
- 298 이희국 네모난 기록장/ 달빛을 덮고 잠들다
- 300 임 권 서울행/ 몽당비
- 302 임덕기 밤나무의 속성/ 가을을 줍다
- 304 임완숙 창령사 터 오백나한 상/ 삭발시대
- 306 임하초 앵두/ 자유

## ㅈ - 전 정 조 지

- 310 전미소 하나님의 건망증/ 첫 이별
- 312 정광섭 눈물방울/ 한 마리 연어가 되어
- 314 정병기 어머니 없는 세상/ 오독으로 되는 시/
- 316 정서윤 의자/ 당신과 당신
- 318 정선희 물방울의 꿈/ 기다림
- 320 정순영 가을 같은 나이에/ 모난 돌
- 322 정유준 회암사지/ 겨울 유감
- 324 정인경 진실/ 귀향
- 326 정인선 오른쪽이 무너졌어/ 플라스마
- 328 정정근 플라스틱/ 옛집
- 330 정태호 광화문 봄날/ 창세기
- 332 정하선 하루는 왜 이리 길고/ 밥풀
- 334 정호영 양수역 역전식당/ 길 위의 풍장
- 336 조갑조 신호등/ 나만의 연주
- 338 조명제 이 시집들/ 잡담
- 340 조명현 아장아장/ 존재/ 비빔밥 재료
- 342 조온현 코스모스/ 양파
- 344 조용철 장미의 사원에서 나는 죽을 것이다
- 346 조은구슬 다시 쓰는 산국 편지
- 348 조장한 벌들의 함성/ 그대 그리고 나
- 350 조정기 어느 나뭇잎 에필로그/ 시간의 엮걸이를/
- 352 지은경 내 고향은요/ 노래여 노래여

## ㅊ - 차 천 최

- 356 차행득 한낮의 적막
- 358 차현주 엄마의 돋보기/ 타인의 시선
- 360 천영희 조그만 행복/ 사투리
- 362 최금녀 서쪽을 보다/ 버리지 않는 것들
- 364 최신애 장마/ 풍경
- 366 최완구 원대리 자작나무숲/ 시인
- 368 최운탁 하수오 박주가리 나팔꽃/ 차표를 사는 시간 동안
- 370 최유미 단풍/ 나의 미소가 주름으로 새겨져도 난 웃는 게 좋다

372 **최윤미** 나의 순기능 행복/ 바탕화면
374 **최진영** 겨울/ 시
376 **최혜순** 나들이/ 숨소리

# ㅎ - 하 한 허 홍 황

380 **하수현** 돌아올 수 없는 강/ 벼우리들 가까이에 있는 유령들
382 **하옥이** 무인도에서/ 외로운 손
384 **한상호** 히말라야 나무들이 기특하다/ 육시─보시론1
386 **한성우** 무지개/ 이별 후에
388 **한승욱** 봄의 소리/ 가을의 소리
390 **허문영** 바람박물관/ 우물과 시
392 **허열웅** 공짜의 슬픔/ 껍질 속의 연가
394 **허윤설** 가을이 둥글다/ 백열등
396 **허인숙** 네버엔딩 스토리/ 밤의 테라스
398 **허형만** 가랑잎처럼 가벼운 숲/ 박경리
400 **허홍구** 나와 다른 그대/ 광화문우체국사서함
402 **홍보영** 만해마을/ 배 띄워라
404 **홍중기** 사랑/ 소리
406 **홍찬선** 바람/ 농업인 날
408 **황선태** 꼬부라진 손/ 버리고 싶은 자

411 review 서울시인협회와 월간 시가 2019년에 한 일들

**일러두기** – 편집자가 독자에게

① 서울시인협회 입회했거나 입회를 약속한 시인 190명이 자선自選한 2019년 발표작, 미발표작입니다. '가나다순'으로 수록했습니다.

② 필자 약력은, 본인이 작성한 것을 그대로 수록하되, 각종 문인단체 직함, 문학과 관련 없는 훈장 표창 포장 기록은 제외했고, 2권 이상의 시집을 출간한 경우와 공저 등은 2권 정도, 문학상 수상 기록이 많은 경우 대표적인 상 이름만을 살렸습니다. 사실 관계를 확인할 수 없는 등단 기록, 문학상 수상 기록들은 필자가 작성한 내용을 최대한 존중하였습니다.

③ 필자 사진은 본인이 제출한 사진입니다. 그러나 사진을 제출하지 않은 분, 사진 상태가 좋지 않은 경우 등은 사진을 싣지 않거나 인터넷 등의 이미지 자료로 대체했습니다.

④ 지면 배정은 1인당 2편씩, 2쪽으로 공평하게 배정했습니다. 따라서 한 편의 시의 길이가 2쪽 이상일 경우는 1편만 수록했습니다.

⑤ 필자 명은 전원 한글로만 표기를 했습니다. 아호나 별명은 생략했습니다.

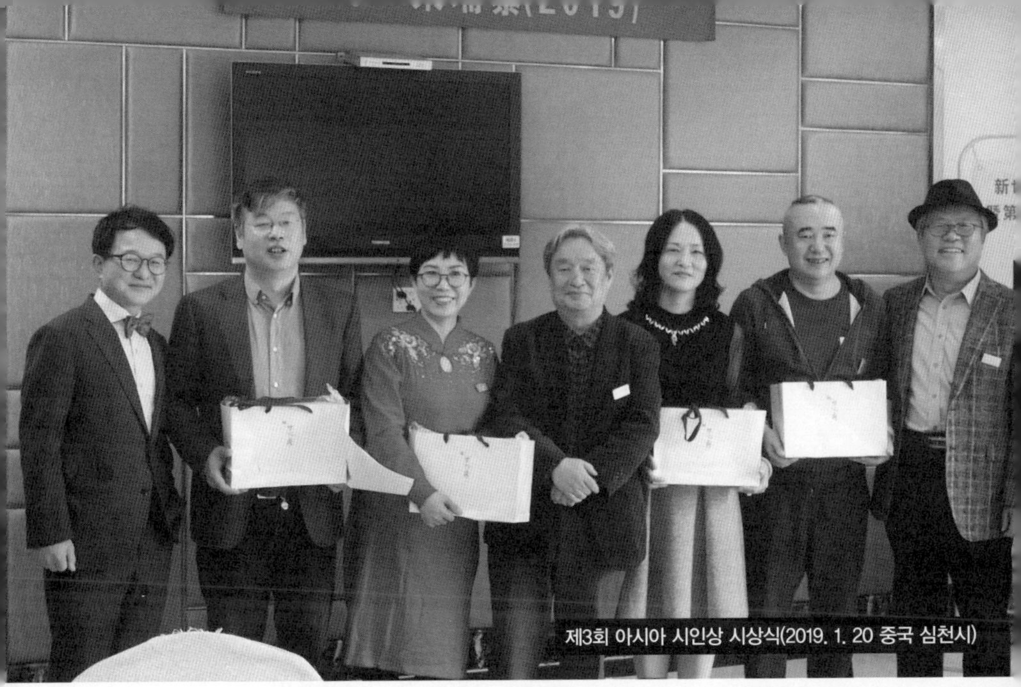

제3회 아시아 시인상 시상식(2019. 1. 20 중국 심천시)

강·고·곽·구·권·기·김

# 강기수

## 그리운 그곳

높은 산 밑 아담한 평지
옹기종기 30여 가구 모여 살던 곳

철따라 개나리 복숭아꽃이
웃어 주고 놀아 주던 곳

소, 개 닭은 내 가족이었던 곳

산 밑 저수지서
물안개 스멀스멀 기어오르면
아침이 하얗게 얼어붙던 곳

저수지가 새를 날리고
잔디밭이 파랗게 구르던 곳

피라미 가재를 키우는
마을 앞 실개천엔
벌거숭이 물이 흐르던 곳

교회 종소리에 눈을 뜨자
그곳은 흔적 없이 사라진다

전북 임실 출생
총신대 사회복지학과 및 신학과 졸업
'양주골문학'에서 10년간 시 공부
현 사회복지사 근무
시집 『비움과 채움』

## 하늘의 소리

가슴을 치며 하늘을 올려다본다

잘못 배우고 잘 못 산 대가일까

서울과 전라도 경상도 충청도 강원도에서
촛불과 태극기가 싸우는 소리
대한민국 땅을 흔들고 있다

지구상에 유일한 분단국가
부모형제가 총칼을 겨누는 국가

이념과 애국
전쟁으로 죽어간 수많은 영혼
하늘에서 떠돌며 눈물로 호소한다

우리 부모형제가 적이냐
가슴을 열고 사랑과 진실로 말해 보라

외국세력에 의해 분단된 나라
화해와 통일도 외국세력에 맡기는 대한민국

외국의 조롱거리로 언제까지 남아 있을 건가

억울하게 죽은 영혼들
하늘을 떠돌며

눈물 흘리며  지켜보고 있다

# 강동희

## 트레킹

너무 많은 빗줄기를 데리고 가늘어진 한 올 흰 머리카락을 적시던 구름, 검은 새가 날개를 접힌 채 구름 밖으로 밀려나고 있다.

가볍지 않은 슬픔으로 꺼지지 않는 동그라미가 되고 싶은 수 없이 많은 물방울, 물방울 끝에 매달려 방울방울 밀려 나온다.

만드는 동그라미마다 온갖 사연을 말하고 싶은 작은 방울방울, 크기보다 조금 더 멀리 가보고 싶은 동심원 소원을 거두어 호수를 가득 채운다.

점점 깊어진 호수는 눈을 잔잔하게 뜨고 근원을 알 수 없는 하늘을 마주 본다.

한쪽 어깨자락이 무너져 내리는 호수가 맑고 깊은 소리를 말아서 멀리멀리 굴려 보낸다.

더, 더, 더 높은 곳에서 맑은 하늘이 띄울 별들 사이 사이에 감추어둘 별을 만지작거리는 동안 제방에서

영남대학교 국문학과 졸업
중앙대 예술대학원 문예창작 전문가 과정 수료
월간 시 제3회 '추천시인상' 당선(2015)

제법 자란 풀들이 물바람을 간지럽히며 고개를 갸웃거린다. 찰랑찰랑 바지를 올린다.

입술을 말리는 구비가 오르막을 오르는 내내 앞바퀴를 겨우 따라온 뒷바퀴가 온 길을 돌아보며 숨을 몰아쉬는 동안 불끈 불끈거려 보고 싶은 종아리 옆에 누워 이제 곧 또 닥쳐올 꼬불꼬불 언덕을 상상하며 몸을 부르르 튼다.

어딘가를 향할 줄 모르는 저 산 모롱이는 왜 붉으며 왜 굽이굽이 멀어야 하는지.

토막토막 떨어져 나갈 구름이 절개된 산등성이를 덮으며 어제처럼 지나간다.

새벽단잠을 깨워줄 탱탱한 오줌보가 바퀴속살처럼 매일매일 쌩쌩할 것을 바라며,

# 강수니

## 물신

발이 빠져 나간 입 한 켤레 한강 난간에
물의 방향으로 가지런히 벌리고 있었다
소복이 담겨져 있는
외치지 못한 마른 말들
아침 햇살이 다 들어주고 있다
벼랑까지 밀려 온 발걸음마다 죄어오던 구두 끈
강물의 문고리에 매어놓고 감았다 풀었다
수없이 망설였을 생사의 주저흔 물결
구두끈 아래서 시커멓게 탄 가슴팍이 빤히 보여도
입이 무거운 강물은 파문 한 번으로 수면을 봉한 후
무성한 추측에 훈수를 두지 않는다
물밑에 발자국을 두고 뭍에 오른 맨발엔
투명하게 불어 커진 살가죽 신발이 신겨져 있다
태어날 때 어머니가 신겨준 말갛고 하얀 살가죽 신발
저 매듭 끈 없는 물신을 신고 이제
험한 바닥 딛지 않고 구천의 그 어머니를 찾아가
억울했던 서러움을 다 일러바칠 것이다

월간 '시문학' 등단(2013)
시집 『한 쪽 젖으로 뜨는 달』, 『실꾸리 경전』 등 출간

## 소의 눈물

도축장의 쇠갈고리가 밑밥도 없이
허공에서 줄지어 붉은 살점을 낚는다
회전하는 저 거대한 낚싯바늘에 반쪽난 소들이
거꾸로 매달려 바닥에 고이는 제 눈물을 보고 있다
코뚜레에서 쇠갈고리까지 걸어온 시간을 접고
피눈물 쏟아지던 울음이 구덕해지면
발골사는 시신을 고이 안아 모로 눕히고
천장天葬의 제의를 치르듯
숙달된 솜씨로 해체하는 부위별 살점들
마지막 칼날이 지날 때, 숨어 있던 슬픔이
침전물의 진액처럼 또 한 번 묻어나온다
언 땅 써레질로 시린 봄을 심을 때도
쇠죽솥보다 더 달궈진 땡볕의 등짐에도 참았던
그 눈물, 트럭에 실릴 때 주르르 흐르고,
버티던 도축장 문 앞에서 또 한 번
마지막 단말마엔 붉은 눈물이 되새김질 한다
피맺힌 소의 호소를 도축사는 선지통에 모은다
붉은 얼룩을 정갈히 닦아낸 몸
명문가의 한우 위패를 안고 진열대 상좌에 모셔진다

# 고영일

## 태양은 구름을 일렁이게 한다

바람이 머문 자리
구름은 어둠만이 내려앉았다

더는 움직일 수 없는 자는
더 이상 무언가 없었다
하루하루 조여오는 시간은
멈추지 않고 카운트되었다

이글거리는 태양은
뭉게구름을 솟구쳐 오르게 한다

생각에 잠긴 자는
자리를 털고 일어나 걷기 시작한다
마음 편안히 기다리던 그 시각
손을 가슴에 모아 자리에 눕는다

제주 출생
명지대 경영학과 졸업
월간 시 제13회 '추천시인상' 당선(2017)
국제NGO 관련 컨택센터 및 헤드헌팅 회사 운영

## 멈춰 선 롤러코스터

레일 위 롤러코스터가
톱니바퀴 덜컹덜컹 거리고
털털털 움직이며 오르기 시작한다

가장 높은 곳에 다다르고
머뭇거리며 망설이더니
냅다 밑으로 곤두박질 친다

그 순간
찰나의 심장 울림이
정신을 앗아갔다

그 현실은
숨 쉴 수 없음을
깨닫게 하였다

부지불식간 내쳐진
자리에서 얼굴을 감싸며
안도의 한숨을 내쉰다

숨 고르기도 잠시
회전하며 내달리는 시간은
다시 제자리로 날 태우고 달린다

# 고용석

## 앉은뱅이 의자

세상을 눈감아 줄 아량이 없을 때는
앉은뱅이 의자에 앉아
낮은 자세로 숨어 핀 풀꽃을 만나거나
마당에 든 햇살 한 줌 쥐고
지나는 바람이나 만나 볼 일이다
서서는 보이지 않던 생명체들의 모습이
저마다의 이쁜 이름으로
네게 눈을 맞출 것이다
높이가 주는 거만한 횡포
무심하고 불편한 생각들은
낮추고 낮추어야 버릴 수 있는 것
앉은뱅이 의자에 앉아
세상이 더 잘 바라보이는 건
신기한 일이다

중앙대 국문학과 졸업
서울여상 교장 역임
2013년 '문학미디어' 시 등단
시집 『자자를 아시나요』 출간
'정오' 동인

### 가을 산사山寺

옹달샘 곁
곤줄박이 이사를 떠났다

높아진 하늘
새털구름

멀리 달아날 듯
하늘을 헤엄치고

동자승 고무신에
사뿐 앉은 고추잠자리

물매화 하얀 꽃잎에
산사山寺가 환해졌다

# 곽종철

## 시의 맛

잔잔하게 흐르다가도
소용돌이치는 물처럼
산들산들 불다가도
회오리치는 봄바람처럼
따분하고 밋밋하게 이어지는
내 언어 속에도 때로는
해학과 유머가 살아있고
촌철살인寸鐵殺人의 풍자가
깃들어 있으면 좋겠다.
몸에 없어서는 안 될 비타민처럼.

경북 칠곡 출생
'대한문학세계'로 등단(2011)
시집 『물음표에 피는 꽃』 『빨간 날이 365인데』 『바람은 길이 없다』 등 다수
한국전쟁문학상, 한국문학예술상 등 다수 수상

## 다짐하고 또 하고

언제부턴가 밤이 두렵네
외로움 때문일까
홀로 있는 낮도 두렵네
사람이 그리워서일까
서쪽 하늘에 노을조차 두렵네
인생의 그림자를 보는 듯 해서일까

단칸방에서 뒹굴던 피붙이들도
제 갈 길로 다 가버리고
그 많던 친구도 만남도
하나둘씩 떨어지더니
이제는 의지할 곳 없는
고군약졸孤軍弱卒 신세랄까.

꽃 없는 나비처럼 홀로 앉아
먼 산을 바라보며
이 생각 저 생각에 잠기면서
지나온 세월 복기를 하다 보니
'남은 인생 두 발로 걷자' 싶어
두 주먹 불끈 쥐고 걸어간다.

# 구재면

## 묘한 두려움

송곳을 자루에 감추려는 사람들
뭘 그렇게 보느냐고 눈을 부릅뜨네

몽둥이로 홍수를 다스린다는 사람들
장마 지리란 말 하지 말라 을러대네

두려워서 기지개도 못 켜는 사람들
누가 볼까봐 주먹감자도 못 먹이네

갈릴레오처럼 중얼거리지도 못 하네
소크라테스처럼 둘러대지도 못 하네

오금을 저리게 하는 묘한 두려움은
그림자처럼 담을 넘어오는 된바람이네

중앙대학교 졸업
'월간문학'에 수필 당선(1984)
종합계간지 '포스트모던'에 시 당선
시집 『입동을 지나』
수필집 『멀리서 가까이서』
동포문학상, 포스트모던 작품상 등 수상

### 행복의 초상


좋아하던 평양냉면 고명
아껴뒀다 먹으려던 계란 반 쪽
식초와 노른자가 싸할 때 먹을 걸

나중에 행복해지려고
하고픈 일 미뤄두면 무에 쓰나
그런 거라도 맘대로 해야 행복하지

조금만 참고 기다리면 된다고
행복은 항상 나중에 오는 것이라고
고통을 적금 붓듯 하는 건 희망고문

저축해온 행복들은 과연 어떤가
혹여 부서진 희망의 모형은 아닌가
박제된 파랑새의 깃털 한 움큼 아닌가

# 권근화

## 피어나거라

산과 들 바람으로 구름으로
떠돌던
내 전생의 맺지 못한 사랑
이제 태풍 지나가고
장대비 멎은 자리
곱다랗게 머리 빗고 나와
새 하늘에 입맞춤 하거라
꽃은 잎을 그리다 시들고
잎은 꽃을 기다리다 잠들어
너의 이름은
화엽불견초 花葉不見草
내 모진 상사相思의
피 흘리는 꿈을 네 가졌으니

피어나거라
이별의 슬픔 모두 거두고
기다림으로 지새우던
어둠 밝히고
내 앞에 환한 웃음으로 오거라
별 보다 더 오래 사는
꽃이 되거라

경북 경주 출생
'민족과 문학' 신인상 당선(1992)
시집 『입 속의 사과』 등

# 첫눈

내가 기다리는 첫눈은
내 손톱 끝으로 오는 것이다

여름날 들인 봉숭아 꽃물이
다 빠져가기 전에
하얀 소식으로 오는 것이다

이름도 모르고
얼굴도 알지 못하는 사람
먼 길을 돌아서 내게도 오는 것이다
사랑으로 오는 것이다

내가 기다리는 첫눈은
저무는 창가로 오는 것이다

세상의 나무들이 꿈꾸는
별의 말들을 데리고
나직한 소리로 나를 부르는 것이다

바람 부는 들녘처럼
빈 가슴에 쌓이는 외로움을
포근하게 감싸 주려 오는 것이다
한밤 내 쌓이는 그리움으로 오는 것이다

# 권기일

## 그대를 좀 더

저 붉은 노을이 질 때까지
내 그대를 좀 더
사랑해야겠습니다

저 강물이 흘러가는 곳까지
내 그대를 좀 더
생각해야겠습니다

저 짙은 낙엽이 모두 타기 전에
내 그대를 좀 더
느껴가야겠습니다

대구 출생
'지필문학' 등단(2017)
월간 시 제23회 '추천시인상' 당선(2019)

## 그 골목길

계절로 가는 길이 막혔어요
낙엽 밟는 소리에 많이 놀랐나 봐요
가을도 이별하는 거리가 슬픈지
눈물이 아른거려
가던 길을 막아섰나 보네요

저기 흩어진 골목길 단풍잎에는
가난했던 어린아이 슬픈 눈물이 스며있고
사랑했던 연인의 향기가 묻어있어요

아 가을은 가을은 옛 기억처럼
그래서 이렇게 아픈가 봐요
산을 넘는 노을빛 가슴에도
어여쁜 그대 얼굴이 떠오르니까요

울지 말아요 울지 말아요
어둑 어둑해진 골목길로 들어서면
그림자도 외롭지 않게 가로등 불빛이
나를 반겨줄 테니까요

슬프지 말아요 슬프지 말아요
내리막으로 걸어가는 이 길에도
작은 희망이 찾아올 테니까요

이 밤 짙어져가는 어둠 속에서도
어릴 적 어린아이처럼 작은 꿈을 꿉니다

# 권덕행

## 엄마

몸에 물기가 마를 날 없는
대체로 엄마라는 장르는
사소하고
서글프고
희미하다

졸면서도 울면서도 사라지면서도 지독하게 앓으면서도
세상과 전혀 상관없이도 삶이 흐를 줄이야, 엄마라서

불과 몇 년 전만 하더라도
이건 마치
참으로 외롭고도
낯선,
소모

소녀를 팔아
너를 낳은 가여운
엄마

안동대 국문학과 졸업
'한국문학예술' 신인상 동화 당선
월간 시 제7회 '청년시인상' 당선(2019)

# 닭개장

오랜만에 가족들이 모이면 엄마는 고사리와 토란을 불려 넣고, 숙주를 한 주먹은 좋게 넣고, 부추를 약지 손가락만큼 잘라 넣고, 또 파를 열 뿌리는 되게 굵게 썰어 닭개장을 끓여 내 오셨다. 나물을 준비하고, 닭을 삶으며 닭기름을 걷어내고 뜨거운 닭 한 마리를 통째로 꺼내 껍질을 벗겨내고 살과 뼈를 바르고, 그 위에 조선 간장에 매운 고추 가루에 마늘을 듬뿍 다져 넣고 바락바락 주물러 양념이 골고루 배도록 했겠지. 닭 육수가 끓어오르면 그것들을 넣고 한소끔 푹 끓이면 그렇게 닭개장이 되는 것이다. 둘러 앉아 땀이 쏙 빠지도록 먹을.

이름 없는 지방에서 소리 소문 없이 살다가도

문득 떠오르는 냄새, 식욕 혹은 상념.

누군가를 위해 뜨거운 불 앞에서 무언가를 끓여내는 일,

들려 줄 말이 있는 것처럼 한소끔 부글댈 때 뜨거운 속을 들키고 싶지 않을 때 괜스레 거품을 숟가락으로 떠낸다.

밥을 지으면서 엄마가 된다.

엄마가 해 주는 밥을 먹으면 냉기가 사라진다.

먹는 것들이 아득하게 섭히고 입안에 눈물이 가득 고일 때 문득 엄마가 끓여 준 닭개장을 떠올린다.

말하지 않아도 목구멍으로 자꾸 넘어오는 무엇. 뭉클, 하고 튀어나온다.

# 권은중

## 통나무 의자

약수터 앞 한적한 쉼터
평생 한 번도 앉아본 적 없는
직립의 기다림이 톱날에 잘려 있다
땅속 물길 오르내리던 다리
새들에게 의자로 내어주던 팔
오체를 어디에 떼어내 버린 채
몸통 홀로 나그네를 맞는다
옆구리에 내려놓지 못한 운지버섯
젖을 물리는 습관을 버리지 못함은
아직 통나무의 기억장치엔
방광이 잘린 슬픔이 입력되지 않았나 보다
한 번도 누군가의 의자가 되어주지 못한
미안한 마음으로 머뭇거리다
다리가 없는 의자에 앉아 보려니
갈라진 나이테 틈에 누군가 살고 있다
빛과 어둠의 틈을 분주히 오가는 개미가족
나무는 죽어서도 생명을 키운다.

월간 '시문학' 우수작품상 수상(2011)
스토리문학상 시 우수상, '푸른시학상' 수상.

## 한 끼에 대한 단상

출근길 전철역 환승 통로
식권 한 장이 발에 밟혀 뒹군다
누군가 한 끼의 권리를 잃어버린 셈이다
살기 위해 먹어야 하는 권리행사는
권리의 소유자나 방관자의 의지와 관계없이
제 갈 길에 바쁜 무수한 발에 짓이겨진다
식량이 넘치거나 너무도 모자란 지구
한 끼의 권리도 불공정 앞에서는 사치다
정치이념과 국가주의로 무장한 인류는
한 끼의 밥에도 공정의 잣대를 들이댄다
지구별의 반대편에 굶어 죽어가는 아이들
한 끼의 밥을 벌기 위해 쓰레기를 뒤지고
손톱 끝에 피가 마를 날 없이
중금속에 오염을 아랑곳하지 않고
광물자원을 캐야 하는 아이들이 있다
화장터 소각장, 벗이 재가 되어가는 시간
15센티 두께 콘트리트 바닥 한 층 아래
나는 한 끼 식은 국밥을 삼킨다.

# 기성서

## 승마체험 1
―몽골여행 3

초원을 주름잡던 그들
자꾸만 코를 불어댄다

날이 더워 갈증이 나고
땀에 범벅이 된 향수가 싫어

그런 게 아니라고
절레절레 고개 흔들어댄다

징기스칸을 태우고 달리던
뜨거운 조상의 피가 흘러

칸의 후예들과 함께
끝없는 초원을 달리고 싶어

'이랴' 못 알아듣고
'추'라는 소리에 발을 뗀다

전북 고창 출생
2015년 월간 시 제3회 '추천시인상' 등단
2017년 시집 『후박나무 아래에서』 출간

# 승마체험 2
―몽골여행 4

고원 어디든 초원을 찾아
게르를 치고 살던 유목민

끝없이 넓은 벌판을 달리던
뼈대 있는 가문의 말을,
언제부턴가 돈벌이에 눈멀어
낙인烙印 채 아물지 않은 엉덩이
피범벅이 되어 잠시 잠깐의
휴식도 없이 손님을 받는다

그 옛날 뒷골목 포주처럼,

말을 타고 신이 났던 나
고상고상 밤이 길기만 하다

# 김건일

## 아침 목련

아침에 일찍 일어나
세수를 깨끗이 하고
대문을 나서다
이웃집 마당에 핀
흰 목련꽃
너무나 아름다워
정중히 인사하다
인기척 있어
뒤를 돌아다보니
아내가 목련꽃처럼
웃는다

건국대 국문학과 졸업
월간 '시문학'으로 등단(1973)
시집 『풀꽃의 연가』 『꿈의 대리경작자』 『꽃의 곁에서』 『밭만들기』 등 다수
흙의문예상, 자유시인상, 한국예총 대한민국예술대상 등 다수 수상

## 땅 2

외로워도 내가 외롭고
배가 고파도 내가 고프고
눈물이 나도 내가 눈물이 난다
내가 먹을 것은 내가 심는다
내가 잘 곳은 내가 짓는다
내가 입을 것은 내가 만든다
땅은 나의 애인
땅은 나의 형제
땅은 나의 어머니
땅은 부드러운 가슴
손을 대면 땅은 가슴을 열고
전율하며 모든 것을 벗는다
땅의 가슴 속으로 들어가면
따뜻한 온기가 돌고
알 수 없는 힘이 솟구쳐
벌떡 일어선다
온 힘과 온 정성을 다하여
땅을 힘차게 끌어안고
땅에다 나의 씨를 묻는다

# 김경진

## 나비효과

그냥 네가 웃었을 뿐인데

내 마음 반대쪽에서 폭풍이 밀려온다

인덕대학교 졸업
월간 시 제2회 '청년시인상' 당선(2018)

## 문장들

당신이 말했던 그 문장들
잘 있습니다

가끔 첫 글자에서 마침표까지
차마 읽는 것이 두려워
띄어서 읽는 것이 익숙해졌습니다

당신이 끝내 말했던 그 문장들

잘 있습니다
잘 읽었습니다

김기동

## 내가 할 일

비 오는 낮에는
밭이랑을 파고
눈이 오는 밤이면
글을 줄줄 읽는다

해가 뜨는 아침엔
사명감 갖고
해가 진 저녁엔
가족이 모인다

땅에 심은 씨는
나무가 되고
머리에 심은 지식은
철학을 낳는다

씨 없고
밭이 없는 인생은
공허한 바람이다

충남 서산 출생
시집 『가슴에 그린 미화』 등 10여 권
수필집 『이야기가 있는 산』 등 8권
한국문학예술상, 포스트모던 작품상, 한국문학백년상, 소월문학상 등 수상 다수
현 월산재단 이사장

### 빛바랜 낙엽

나뭇잎이 피어오른다
태어나면서부터
귀여움을 받으며
지식이 오르고

재물도 얻고
명예도 얻는다
무성한 잎은
자기를 덮었다

그러나
세상에서 얻은 것
하나씩 떨어뜨리고
빛바랜 낙엽이
길바닥에 뒹군다
찬바람이 불면
앙상한 가지만 남아서
쓸쓸한 고독을 숨길 수 없다
모든 것
얻은 것
다 버리고
조용히 눈을 감는다

# 김기준

## 시선詩仙을 그리며

단풍에 홀로 들어
맑은 술 열어놓고

잔 들어 저 달 부르니
그림자 방긋 우리 셋

달은 이미 뉘엿뉘엿
내 자취 어질어질

우리 잠시 함께하니
타는 가을 어이할까

내 노래 달이 지고
내 춤에 그림자 우니

맨 정신엔 우린 친구
술 취한 뒤 찰떡궁합

무심한 정 맺었으니
먼 은하에 다시 만나

이백李白형 함께 하여
질펀하게 마셔 볼까

연세대 의대 마취통증의학과 교수
월간 시 제7회 '추천시인상'으로 등단(2016)
시집 『착하고 아름다운』 『사람과 사물에 대한 예의』 출간
제3회 '아시아 시인상' 수상(2019)

## 옛 친구를 그리며

독서실 시절
마산 바닷가 출신 공대생 친구
옥상에서 소주 한 병 나눠 마신 새벽

야, 니는 인생이 뭐라꼬 생각하노

곰탕

와

산다 살아낸다
딱 한 글자로 삶
우리들 말로 고 우 다
서울 아들 말로 고 으 다

그기 뭔데

문디 국물을 잘 우려내야 할 거 아이가
너무 끓이면 독할끼고
잠깐 끓이면 맹탕일끼고
맛낸다꼬 미원 넣으면 가짜고
돈 벌라꼬 석회 넣으면 사기고
니는

나도 우리 엄마 하듯이
천천히 오래오래 우려내서
조용하게 가라앉혀 말끔하고 하얀
맛난 국물 되었으면
고기 쪼가리 없어도
대파 몇 조각 넣고
홀홀 마시면 쏘주같이 파악 뚫리는
저 흘러가는 은하수

그랬던 나는
키 큰 느티나무 같았던 너는
지금 어디에

# 김동성

## 좋겠다

예쁘다.
귀엽다.
약하다.

목소리가 곱다.

이 모든 걸 가진
새는 좋겠다.

울산 울주 출생
'소년문학' 동시 신인상(2014)
'국보문학' 동시 시인상(2015)
현재 울산 지역 환경보전협의회 근무

## 꽃구경

꽃구경 갔다
사람멀미만
실컷 하고
꽃샘추위에
감기만 걸려왔다
에이쥐!

꽃은 바람에 지고
나는
판콜A에 졸고

# 김란

## 삼은리

철부지 숙녀의 풋사과 같은 사랑이
삼은리 고삼저수지에서 시작되었다.

노 젓는 뱃사공의 믿고 타라는
패기 있는 외침에 배에 오르는 순간
우리의 사랑은 물결을 타기 시작했다

어느 배에 타느냐에 따라
인생이 달라진다고 하지만
희망의 노를 저어
믿음을 갖는 것이 중요한 것임을
자연에 순응한 후 알게 되었다

모든 살아 있는 것에 감사하며
굽이치는 파도와 서핑을 하듯
몸을 맡기는 것이라는 걸
삼은리에서 알았다.

서울 출생
서울시인협회 가을시인학교 백일장 우수상(2019)
드림갤러리 관장 역임
화정시회 회원

## 마법의 문자

문자는 고요하다
한 번 더 깨물어
새로운 행위를
만들어내는 문자는
무섭게 변할 수도 있다

문자는 번뜩이는 번개같이
순식간에 지나갔다가
갑자기 달려드는
초적* 같다

기억의 저편에서
휘두르는 칼날에
속수무책 무장 해제시키는
마법과도 같다

삶과 시간과 기억
부정확한 회상
불충분한 문서와
만나는 지점에서
빚어지는 확신의 오류다

*초적: 농민군이 주축이 된 군대

# 김명숙

## 갯메꽃

해가 뜨고 지는 일상이
전광판의 광고처럼 삽시간에 흘러가 버렸죠
나를 잡아 흔드는 소리에
아득해지는 정신을 곧추 잡아야 했어요.
나를 부수고 깨어나는 일, 쉬운 일만은 아니죠
어느 한 선택을 위해선
다른 또 하나의 선택을 저버려야 한다는 것.
그러기 위해선 철저히 나를 깊은 수렁의 연처럼
모래 속으로 더욱더 침잠시켜야만 한다는 것을 알게 되었죠.
한 알의 밀알이 떨어져…
간간히 어루만져 주고 가는 바람의 중얼거림에
조금씩 힘을 내며
안개비가 해안선에 흰 발 내딛어 가듯
한 뼘 한 뼘 해안을 향해 덩굴손을 뻗기 시작했어요
멀리서 구름을 타고 안개비가 내리는 듯해요
쏴아~
푸르고 깊고 청량한 소리가 귓전에 들려와요
어느덧 내 몸에 분홍나팔귀가 돋아났어요

이제, 바다의 소리 죄다 들려요.

동요시집 『마음이 크는 나라』 등 출간
한국아동문학회 '오늘의 작가상' 수상(2018)
부천예술상, 한국동요음악대상, 도전한국인상 등 다수 수상

## 밤의 눈

그날 밤은 달빛도 숨을 죽였다
찰싹이는 파도만 간간히 귀청을 때리고 갔다
먼 데 낙지잡이 배인지
장어잡이 배인지
호롱불 같은 불만 깜박이고 있었다

말없이 선창가에 앉아
술을 마시고 있었다
누구랄 것도 없이 그날 밤은
말이 필요 없다는 것을 알고 있었다

꼴깍이며 넘어가는 쐬한 소주 한 모금마저
미안하다는 듯 호흡을 낮췄다
너무 고요하면 그 주위의 것들도 덩달아
침잠한다는 것을 그 때 비로소 알았다

어둠은 얼굴을 가린 채 복면가왕의 자리를 고수했고
우리는 말없이도 하나가 되었다

하늘엔 별이 총총,
은하계의 은하란 모두 이곳에 모여 있는 것 같았다
어느덧 하현달이 대섬을 넘어가기 전이었다.

별들이 아침을 불러오기 직전,
정적을 깨고 오래 살아온 이씨가 말을 꺼냈다
무음이었다.
이상하게도 우리는 그의 말을 알아들을 수 있었다.
어둠이 우리에게 들려주는 전언이었다.

짭조름한 갯내음이 훌륭한 안주거리가 되어준 밤이었다.

# 김민자

## 이 세상은 누가 끌어줄까

거리를 걷다보면
어디선가는 새 건물을 짓고
외벽을 화려하게 리모델링 하고
지하철 공사, 길 보수 공사
도시는 새 단장을 하기 위해
한시도 멈추는 법이 없다

하지만 그 도시의 어느 골목에서는
리어카를 끌고 가는 노인이 있다
헝클어진 철근 몇 가닥
마시고 버린 음료수병
낡은 종이상자
리어카에 담긴 것들은 단순히 쓸모없는 것들은 아니다

언젠가 내가 쓰다버린 시간들
그 세월의 아쉬움을 홀로 끌고 가는 게 아닐까
새것에만 익숙하다보면
사라질 것 같은 이 세상은 누가 끌어줄까

충북 보은 출생
'문학21'(2001) '에세이문학' 수필 등단(2010)
월간 시 제14회 '추천시인상' 당선(2017)
시집 『까치밥』 『민들레의 절반은 바람이다』
사찰기행시집 『풍경소리 들리는 길』 수필집 『A형 남편과 B형 아내』

## '왜'라는 질문

오랜만에 외손녀와 지내다보면
신기한 것이 많아 묻는 것도 참 많다
내가 어렸을 때도 그랬을까?

밥은 왜, 감사하게 먹어야 해요?
사람을 만나면 왜, 반갑게 인사해야 해요?
왜, 가을 다음에는 겨울이 와요?
낙엽이 다지면 추운겨울에는 나무 혼자 어떻게 해요?

먹고 자고 입고 만나는 모든 일들에
아이는 끊임없이 질문을 쏟아낸다
일일이 답해줄 때 귀찮기도 하고 난감할 때도 있다
알고 있는 내용이지만 그걸 설명해 주다보면
그 속에 숨은 다른 의미들을
늦게나마 알게 될 때도 있다

너무 당연한 것에도
"왜" 라고 질문하는 아이의 생각은
단단하게 굳어버린 어른의 가슴에
싱싱한 줄기를 피워내는 것은 아닐까

# 김병준

## 신오감도<sup>新鳥瞰圖</sup> 시제6호
-저무는 풍경, 2019 서울

1

대한민국 세종대로<sup>世宗大路</sup>. 깃발 든 손등엔 푸른 강이 흐르고, 저마다 초혼을 부르는 듯 목청이 드세다. 인파<sup>人波</sup>로 넘실거리는 낯선 거리. 가난한 광장은 어린 사자들의 포효로 가득차고, 북으로 달리는 기차는 멈출 줄 모른다. 난잡한 기해년이다. 수치도 모르는 이 년을 차마 눈뜨고는 못 보겠다. 영영 돌아올 수 없는 한 시절이 분노와 치욕으로 저무는데, 청와<sup>靑瓦</sup>에 돋아난 독버섯은 북악<sup>北岳</sup>을 덮을 기세이다. 애오라지 맹랑한 도심<sup>都心</sup>, 속내가 검다.

2

청계천아, 네 부지런히 흐르던 오수<sup>汚水</sup> 어디 갔느냐. 분<sup>憤</sup>과 한<sup>恨</sup> 넘치고 넘칠 때 너는 쓸개라도 도려내어 한 시절 견뎠으리라. 네 철철 흐르던 시대 간 데 없구나. 어쩌면 아스팔트에 빗물처럼 떨어지는 혈루<sup>血淚</sup>로 다시 넘치려느냐. 어쩌면 효자동 지나 청와<sup>靑瓦</sup>마저 삼키려느냐.

무안 출생
월간 시 제12회 '추천시인상' 당선(2017)
월간 시 편집 스태프

3

어서, 어둠의 허리 두 동강이 나라! 온 몸 돋친 종양腫瘍들아. 썩고 마른 뼈들아. 네 사모하는 땅으로 가라. 그보다 더 먼 시베리아 동토凍土로 가라. 해 저문 줄 모르는 외침에 나는 목이 쇠고, 노적가리 쌓인 탄원은 하늘에 사무쳤다. 쉬이 밀어닥칠 한파여! 수상한 초겨울 오후, 내 가야 할 길 아직 멀기만 한데.

## 신오감도新烏瞰圖 시제7호
-효자동 울돌목에는

명랑해협이 따로 없네. 효자동 울돌목에는 충무의 한도 서리고 녹두綠豆의 혈기도 흐르네. 진주 촉석루가 된 효자동 분수대는 날마다 순국의 피가 솟구치네. 서울 도심에 '나라 망했다' 간 크게 외치는 이는 누구인가. 어떤 이는 그를 보고 미쳤다 하고, 어떤 이는 저를 보고 선지자라 하네. 뉘가 길거리로 저를 내몰았는가. 너나없이 풍찬노숙 마다 않고, 효자동 울돌목에 맨몸 던져 낙화落花하려네. 논개처럼 낙화하려네.

# 김봉균

## 길상사 못다 핀 꽃무릇

잊혀지지 않는 이별
가을바람 휭 하니
앞서가는
속 붉은 이별의 손짓
이룰 수 없는 사랑이야기
멀리 그림되어
핀 꽃무릇

뜨거운 사랑도
애달픈 사연도
아름다운만큼의 인연을
놓고 간 길상사
붉은 꽃무릇 물들고 간다

전남 영암 출생
월간 '문학세계' 신인문학상 등단(2013)

## 어매

갈 곳을 잃은 채
무덤 분분한 그 산에
되돌릴 길 없는 그 해 봄

새겨진 어휘들마다
발걸음 멈추고 서서
뒤돌아본다

휘휘 저수지 뚝방 길
지난봄 핀 삐비꽃
하얗게 하얗게

마른 바람 부는 오후
낮달 맞이 꽃 안부 묻는다

# 김선옥

## 벌레

이 가을

과수원에 가서
한 마리 벌레가 되고 싶다

영그는 과일
과액의 그 달디단 단물을
하루 온종일 퍼마시고 싶다

과수원에 가서
느리게 아주 느리게 기어다니며
과일의 그 향기에
흠뻑 취하고 싶다

'심상' 신인상으로 등단
시집 『오후 4시의 빗방울』 『모과나무에 손풍금 소리가 걸렸다』 등 출간
한국방송공사 라디오제작센터장, 경인방송 전무 역임

## 미지의 흰 새

긴 날개 때문에 뒤뚱거리며 걷다가
사람들에게 쉬이 잡혀 웃음거리가 된 바보 새
알바트로스
폭풍이 몰아치면 바람 끝에 올라타 하늘을 솟구치는
너의 날개가 용맹스럽다

그렇다
충전된 열량을 순식간에 쏟아내
초고속의 속도로 더 멀리 더 높게 비상한다
질푸른 창공을 날며 아래를 굽어보는 형형한 눈길
너의 그 상승욕구는 그리움이다

이카루스의 날개는
뜨거운 태양 때문에 촛농이 녹아 추락했지만
알바트로스
하늘을 나는 너의 꿈과 욕망은 창창하다

펄럭이는 바람도 굽이치는 파도도
네 앞에는 꼼짝 못한다
네가 날면 하늘을 가리고 바다를 덮는다

그러나
숨차게 달려 건너고 건너도 보이는 것은 바다
네가 내릴 육지는 없다
넘실대는 파도의 물빛깔이 파랗다고 느낀 순간
미지의 흰 새 알바트로스
너는 외로운 혼자가 된다

# 김성춘

## 희망의 정석

지금 있다 내 가방 속에는

생수 한 병
노바스크 한 알과 새소리 두 알
읽다 만
가을 하늘 몇 페이지
봉인 된 쇼스타코비치 피아노 에튀드


이것만으로도
나의 하루는 충분하다
두 손에 희망을 정중히 들고

신(神)의 앞으로!

부산 출생
부산사범학교, 부산대 교육대학원 졸업
43년간 교직생활 후 울산 무룡고등학교 교장으로 퇴임
'심상' 제1회 신인상으로 데뷔(1974).
시집 『방어진 시편』『물소리 천사』
시선집 『나는 가끔 빨간 입술이고 싶다』 등 12권 출간
울산문학상, 월간문학동리상, 최계락문학상, 가톨릭문학상 등 수상 다수.

# 2월

보너스 달이다
잃어버린 신정$^{新正}$ 한 달 새롭게 만회하는
새 다리다.
작심삼일 일지라도 숨통 트이는 달
입춘이 지난 구정 아침
새소리가 봄동 이파리처럼 파릿파릿하다
다시 시작 해보는 나의 트럼펫 연습
방구석에 쌓인 잡동사니들 다시 버린다
자동차 조심조심
아침헬스 열심열심
당신에게 용서 받기 전에
내가 먼저 당신을 용서하기로 한다
자,
2월에게 먼저
꽃 한 잔!

# 김순영

## 흙을 품다

튕겨나가려는
그대 손을 잡습니다
기나긴 기다림과
타는 목마름으로
싹이 나고
뿌리가 단단해지도록
그대를 품습니다

격려와 사랑의 단비를
촉촉이 부어주고
잡념의 풀씨가
눕지 못하도록
쭈그려 앉아 김을 매면
어느 순간
우뚝 선 아름드리나무

홀로서기를 합니다
민들레 홀씨 되어 날 듯
척박한 땅에 발을 딛습니다
저만치
마중 나오는 찰진 흙
당신입니다

광주 출생
목포대학교 교육대학원 국어교육과(석사)
월간 시 제2회 '추천시인상' 당선

## 말(言)을 빚고 담다

두세 명의 할머니가 종종거리며 달려온다

헐떡이는 할머니들 얼굴 위로
곰살궂은 말을 빚는 버스기사님
-아침은 자셨소?
달리지 말고 천천히 오시오
오늘 날씨가 겁나 춥소
-오메, 다른 양반들은 암말도 못하게 하든디
참 좋은 분이시오
-어디 가시오?
-딸 집 가요 유치원 댕기는 손자 봐 주러가요
봇물 터진 어느 할머니의 말이
천리마처럼 달리다가
한 순간 갈 곳을 잃었다

'늙으면 입도 닫고 귀도 닫고
지갑만 열어야 혀'
수묵화처럼 번지는
또 다른 할머니들의 뒷말

밀물과 썰물로 빠져나간 말 뒤에 설익은 말들이 허공을 기웃거린다
소태를 씹은 것 같은 입에 다음 정류장을 알리는 경쾌한 목소리를
얼른 주워 담는다

# 김애란

## 진실

마음이란 시간이 지나면 따스하게 전해지는 것
누군가를 위해 혼신의 노력도 안하고
인연의 끈을 놓으려 할 때
작은 비타민 하나만도 못한 나의 진심
인간성 상실로 좌절의 늪에 헤엄친다
가볍게 유영하는 나를 물고기 보듯 바라다보며
한없이 작아지는 아이가 된다
누군가의 마음에 들어간다는 것은 시간에 비례해야 하는 걸까?
떠날 인연에 어제 내리는 비에
마음도 씻어 버리려 했다.
나의 미련이 그 자리를 잠자리처럼 맴맴 돌고 있다
그 어떤 말이 더해질수록 후회의 쓴잔을 마셔야한다

어느 날,
나를 변명하는 대신 가재미처럼 눈을 돌리겠다
후회의 시간은 서서히 비누거품이 꺼지듯
눈을 감고 조용히 묵상한다
진실은 무얼까
무성한 소문에 입들을 두려워하지 않을
진실의 끈을 잡고 싶다

한 알의 비타민이 진실의 무리 되어 허공을 떠다니는 날

월간 시 제18회 '추천시인상' 당선(2018)
여행작가, 수필가
공저시집 『쉬어가도 괜찮아』 등

## 풍선

포장마차 아줌마는 튀김과 떡볶기를 판다
길을 묻는 사람들에게 하루에 적어도
스무 번 넘게 길을
이정표처럼 알려 준다
그러니 배고픈 이에게 먹이는 공덕도 쌓고
하루의 공덕도 튀김 양처럼 쌓여 가겠다
튀김에 떡볶기 소스를 올려 주며
떡을 몇 개씩 올린다
인정도 튀김처럼 바삭하게 튀겨 낸다
땅콩처럼 고소하게 입안에 퍼지겠다

손님들의 이야기로 사랑방처럼
북적대는 포장마차
뜨거운 인정의 사람냄새도
고추장에 버무리고 속상한 일들은 튀김처럼
바삭 튀겨내서 와사삭 씹어 먹으라고 내 줄 것이다
매운 떡볶기 불 맛에
멸치육수와 무로 국물 낸 어묵국물은
삶의 어우러짐의 맛이겠다

누군가의 행복을 끌어다 쓴다고 생각하고
지금의 행복에 감사해야한다
풍선은 왼쪽을 누르면 다람쥐 입주머니처럼
오른쪽이 볼록해진다
나의 선행도 다른 쪽이 볼록해지게 쌓아 보련다

# 김영선

## 초보운전

그녀가 그것을 할 때처럼 진중하게 세상을 살았으
면 지금쯤 아마도 그, 뒷자리에서 그것을 하는 누군
가를 팔짱이라도 끼고 바라보고 있겠지만,
조금의 틈이라도 생기면 쏜살같이 끼어드는 앞차를
피하기도 바쁜 게 현실, 지나는 차량들 사이로 울려
퍼지는 솥뚜껑 운전 송song이 잘나가는 랩의 훅hook
처럼 리드미컬하게 치고 들어온다

서늘한 목덜미에 치솟는 힘줄,
그녀의 다리는 고양이가 필요하고,
갈 길은 멀고,
그녀는 외롭고,

인생은
언제까지고
직진이다

서울 출생
중앙대 예술대학원 문예창작전문가 과정 수료
월간 '문예사조' 신인상 등단
공저시집 『맛있는 시집』 등 다수

## 그대에게

친구야
꽃이 진다고 봄날이 간 건 아니야
움츠린 어깨 활짝 펴고 머리 들어 하늘을 봐
아직도 반짝이는 별들과 따사로운 햇살이
너를 비추고 있잖아

친구야
이젠 웃으며 살자꾸나
기뻐서 웃는 게 아니라
웃으면 기쁨이 오는 걸 알게 될 거야
세상에서 제일 기쁜 일은 내 마음이 웃는 일이야

친구야
겨울이 온다고 추울까 걱정 하지 마
따뜻한 손난로와 다정한 이웃이 네게 있잖아
세상은 생각한 데로 흐를 거야
그러니 이제 우리
따뜻한 가슴으로 환하게 웃으며 살아가자
친구야!!!

# 김영희

## 어느 코끼리의 꿈

푸른 초원이 아니라도 좋겠다
빌딩 숲 도시라도 괜찮다
매일 똑같은 길만 반복해서 걷는 일
매일 새로운 사람들을 태우는 일

누구와도 눈 맞춤 없이
트레킹이라 말하지만
살기 위해서 걷는 거다
채찍이 두려워 사는 거다

눈물이 마른지도 오래전이다
언제까지 살아야 할까

오래 사는 것이 좋다고들 하지만

늙는다는 것은 슬픔을 쌓는 일

그만하고 싶어도 멈출 수가 없다
더 늙기 전에 손 놓고 떠나고 싶다고
미리 겁부터 삼키며
늙은 코끼리는 오늘도 걷는다

밀림으로 돌아갈 힘도 없고
기대도 간절함도 모른다
그저 배고프니 먹는다
걸으라니 걸을 뿐

월간 '문예사조' 시 부문 등단(2018)
'외솔회' 회원
현재 '즐거운 책읽기 신나는 글쓰기' 독서지도 교사

## 낙하산 체험

날았다
날 수 있었다

무지개색 낙하산이 펼쳐지고
그 아래 매달려 하늘을 난다

겁을 누구에게 잠시 맡겼던가
심장이 요동치며 뻐근한 공포도 잊고
바다와 구름 사이에서
내가 떠다녔다

늘 두려움을 혼자서 미리 먹고
할 수 없으리라는 부정을 내걸고
그동안 꿈조차 꾸지 않던 일들

둥둥 하늘에 떠 있는 나에게
내가 놀라
지나가던 구름도 숨을 멈추었다

또 다른 두려움이 다시 문을 두드린다면
이제는 거침없이 문을 열리라
마음에 따라 무엇이든 다 할 수 있다는 것을
오늘 지천명에도 배운다

# 김용분

## 이소離巢

푸르던 날 떠나가고
빈 둥지 빈 가지에
추억만 매단 채 온기조차 없구나

푸른 알 옹기종기
맞대어 정겹더니
녹음 속에 숨어
나날이 자라
어디로 날아 갔더뇨

함께 부르던 갈잎의 노래는
퇴색하여 스러지고
한 입 가득 벌레 물고 수고롭던
어미 새도 떠나갔건만

빈 둥지 주변에서 서성이는 이
어이 할꼬
왜 나는 자연스럽지 못한 것인지
작은 새에게 길 묻노라

대전 출생
대전대학교 경영학과 졸업
월간 시 제20회 '추천시인상' 당선(2018)
동양증권 기획실 근무
현재 귀농하여 농사에 전념 중

## 푸른 뱀의 노래

깊은 침잠의 어둠
이끼 낀 바위 밑에 똬리를 틀고
어린 자식 잃은
설움과 원망을 삭여내며
천년의 닿을 수 없는
그리움 보듬고
세상과 하직하듯 길 접으니
선잠 깨고 나기를
즈믄의 세월

어둔 하늘가
흐르는 시간을 거슬러
한 줄기 흘리고 떠난
그리움 남아 흐를까
가시에 찔리며 이슬 받아먹고
돌아오지 않는 바람을 꺾어 묻는다

삶과 죽음의 문턱에서
붉은 용의 뜨거운 눈물로
기름을 바르고
까마귀 울음 온 산을 뒤집어도
푸른 어둠과 검은 태양은
긴 꼬리를 자르리니

온 몸뚱어리 달구어
고통의 찢어진 허물 벗어 던진다

자비 없는 발길 위에
푸른 독 토해내고
휘청거리는 가지 위에 웅크리고
그믐 밤 이슥토록
잔별의 시간을 재리

# 김용아

## 누군가의 이야기를 들어주기만 해도

누군가의 이야기를
들어주기만 해도
한 시절을
함께 건넌 것이다
한 생애를 같이
산 것이다

누군가의 이야기를 들어주는
그 한 사람이
바로 너여도 괜찮은 이유이다

본명 김용희
전남대 '5월문학상' 수상(1988)
월간 시 제11회 '추천시인상' 당선
현재 하늘샘지역아동센터 센터장

## 제장마을 가는 길

제장마을에 가려면
빛 한 점 새어들지 않는
좁은 굴을 지나야한다
승용차도 쎄렉스도
마찬가지이다
그곳에서 모두 뱀이 된다
뱀이 되어야만 보이는 것들
뱀이 있는 곳은 세상의
가장 낮은 자리이다
그래야만 보이고
들리는 것들 때문이다
노랗게 물든 콩잎과 함께
저무는 강,
태어난 지 얼마 되지 않은
송아지의 울음이
여울살과 섞여 흘러간다

# 김용언

## 겨울에게

   변기(便器)처럼 나의 부끄러움까지 모두 받아주는 겨울이 온다
   구겨버린 시 한 줄까지 위로해 주기 위해 눈(雪)을 내려주는 겨울이 온다

   편지를 띄운다
   제멋대로 자란 잡초들과 거만스럽게 그늘만 무성하던 여름 나무들과 예사로 흘려버린 성의 없는 농담을 떠올리니 부끄러워 미안하다는 얘기를 쓸 것이다

   한시절 머물다 가면서 요란을 떨던 목련과 오얏꽃 이야기도 쓰고 그늘로 산새들을 유인하던 숲의 음모와 서럽도록 무너지던 가을날의 눈(雪)물 이야기도 겨울에게 들려 줄 것이다

   허무처럼 질척거릴 진눈깨비도
   컴퓨터의 자판 같이 해독 못할 기호로 다가올 바람과
   목을 코트에 숨기고 걸어가는 사내에게 결코 겨울은 오만(傲慢)하지 않아서 좋다는 이야기를 고백하다.

   겨울은 아버지의 교훈처럼 딱딱해서 좋다는 이야기도 들려주고 싶다

동국대 국어국문과 졸업
월간 '시문학'으로 등단
한국현대시인협회 이사장 역임
한국작가연대 이사장

## 부산행 열차를 타다

과거의 시간들이 자라고 있는 부산을 간다
스쳐 지나가던 도시에는 빌딩들이 자라고 있고
낯선 산자락에는 나무들이 나이테를 긋고 있다

간간이 펼쳐진 구릉의
잡초들이 꿈을 접고있는 모습이 아릿하다

억양이 거센 경상도 방언이 옆자리에 앉는다
바다 냄새가 나는 껌을 씹고 있다
나는 비밀처럼 자라는 과거의 시간을 바라보고 있는데
경상도 방언은 웃자라는 미래의 시간을 빗질하고 있다

주머니가 큰 바바리코트를 걸치고 왔더라면 경상도 방언
도, 충청도 사투리도 담을 수있으련만 주머니 없는 옷을 입
고 온 것이 후회스럽다

3시간 후엔 부두에 손님들을 내려놓겠다는 방송이다
"과거에 만났던 시간들은 모두 검정 옷을 입고 있으니 선
그라스를 벗는게 좋다"는 멘트다

부산은 아직 멀었는데
벌떡벌떡 일어나는 과거의 시간이 바늘처럼 찌르기 시작
한다.

# 김윤겸

## 부부

촌수가 없는 무촌無寸으로
50년을 같이 호흡한,
1촌보다도 더 가까운 사이.
말없이 출발해도 가다 보면
니 옆에 내가, 내 옆에 니가 있다.

니가 재채기를 하면
난 니 등 뒤에서 통증을 느낀다.
니가 외면하면 허전한 내 가슴에선 낙엽이 떨어진다.
까치가 오지 않아도
삐죽이 솟은 높은 가지에 남은 까치밥은
제 자리를 지키는데
니와 나는 찬바람 부는 저녁노을을 바라보며
무엇을 바라는가?

니와 나, 손을 놓지 못하고 먼 길을 떠나도
DNA는 계속해서 꿈틀거릴 텐데….

중앙대 국문학과 졸업
월간 '소설계' '삼천리' 기자를 거쳐
'주부생활' '여성동아' 편집장 역임
동아일보 명예 퇴직(1995)
월간 '다이렉트셀링' '한국마케팅신문' 편집인 사장
시집 『인연의 다섯 꽃송이』
저서 『김윤겸 기자의 가위질 대패질 50년』

## 씨 없는 곶감

전생의 죄를 사(謝)하기 위해
알몸으로
오라를 지고 바람에 맞서는 것은
저승의 문턱을 넘기 위한 패스포트,
땀을 흘리며 시간과 싸운다.

호랑이도 무서워 도망간
조상들의 전설을 웃으며 되새기며
자다 깨다 선하품하다
찬바람에 정신이 번쩍 들면 진땀으로 축축해진 온몸.
갈아입을 옷이 없어 진땀 더께로 옷을 대신한다.

마르고 말라
만져지는 씨 몇 개는 생명의 DNA,
크고 달콤한 감이 아닌 고욤같이 작은 것을 남기지만
맛이 없어 아무도 거들떠 보지 않는다.

내시처럼 온갖 일을 다 해도
DNA를 못 남기지만
곶감은, 씨 없는 곶감은 잣, 호두를 껴안고 쌈이 된다.

# 김윤태

## 하트

숨겨져 있는 심장의 아름다운 움직임
심장의 박동으로 사랑이 만들어지고
슬픔도 만들어지고 괴로움도 이겨낸다

슬픔도 괴로움도 아픔도
사랑스런 추억이 되도록
심장은 오늘도 미치도록 아름답다

우리는 심장을 '하트'라 부른다

서울 출생
서울시인협회 여름시인학교 시낭송 최우수상(2018)
월간 시 제25회 '추천시인상' 당선(2019)
기아자동차 사원

### 사랑 필요한 시간

헝클어진 머리
헝클어진 머릿속

까칠해진 피부
까칠해진 말투

퀭한 눈
퀭한 마음

건조한 얼굴
건조한 태도

뻣뻣한 몸
뻣뻣한 성격

# 김자중

## 새를 보다 사랑을 보다

바람이 불고
나뭇가지가 흔들리면
새가 날지.

그때 넌 뭘 봤을까?
자유롭게 날아가는 새를 봤을까?

난 거기서 사랑을 봤어.
작은 떨림에도 초조해 하다가
부르면 겁에 질려 후다닥 날아가는 -

잡으려 하면 할수록
더 멀리 달아나 버리는 -

종이 다른 존재의 사랑은 늘 그래.
마치 숨바꼭질처럼 잡히면 죽지.

전남 장흥 출생
월간 시 제14회 '추천시인상' 당선(2017)

# 가시
-가시 돋친 채 죽어버린 내 마음에게

가시 가시
가시네

아픈 가시
그 가시네

내 살 찢고 나더니
겁도 없이 하늘 찔러.

가시 가시
가시네

벌 받은 가시
그 가시네

벼락 맞아 꺾인 허리
죽어가는 모가지, 그 아래

더 뾰족하게
더 날카롭게

지켜주지 못한 나를 원망하며
말라 비틀리면서도 심장을 찍어대네.

미안해서 어쩔까나.

찌른 만큼 아파해야 하는데
이미 죽어 감각조차 없는 걸…

# 김재원

## 그대 앞에 무릎을 꿇고
―연작시 序詩

이제 남은 일은,
그대 앞에 무릎 꿇는 일이다.
이제 남은 일은,
그대 발을 씻어 주는 일이다.
이제 남은 일은
그대 씻은 발에 입 맞추는 일이다.

나쁜 대한민국 남편들을
나쁘다고 흉보면서,
좋은 남편 되라고 타이르면서,
스스로는 대한민국에서 제일
나쁜 남편인 내가
이제 그대 앞에 무릎 꿇는다 해서,
이제 그대 발을 씻어주고,
그 발에 입 맞춘다 해서,
좋은 남편 될리도 없지만,

서울 출생
고려대학교 영문과, 연세대학교 경영대학원 졸업
조선일보 신춘문예 시 당선(1959)
시집 『깨달음으로 뜨는 별 하나』 출간
여성잡지 '여원' '소설문학' '신부' 등 발행인

그래도 남은 일을 계속하려 한다.
눈 감는 날까지는.

그래서도 몇 생生이 지난 뒤
어느 후생의 한 자락에서 만났을 때,
"내 발에 입 맞춘 남자로군요."
기억이나 해 줄까, 사랑하는 당신이.

# 김정애

## 유엔조사단이 오는 날

오늘은 유엔에서 조사단이 오는 날.
지원 물자가 제대로 전달됐는지
식량이 얼마나 더 필요한지 물어본단다.
아이가 잘 대답하도록 연습을 시키라며
학교에서 집집에 통지문을 보내왔다.

아침이면 학교 간다며 앞서 뛰던 아들이
오늘따라 가기 싫다고 발버둥 친다.
배고프다는 거짓말은 왜 해야 하느냐고
미국 놈이 싫다며 눈물 흘린다.

신분 좋은 당 간부 아들로
배고픔을 모르고 자란 아들에게
어르고 달래다가 그만 회초리를 들었다.
그래도 미국에서 쌀이 오지 않느냐?
배부른 소릴랑 걷어치우고
등교시간 늦겠다, 어서 가거라.

함북 청진 출생, 탈북(2003)
월간 시 제24회 '추천시인상' 당선
현재 국제펜클럽 망명북한센터 이사장
직업은 RFA, 자유아시아방송(본사 미국 워싱턴) 기자에구, 학교가기 싫다면 보내지 마오.
허둥지둥 회초리를 뺏으며
손자의 벌건 종아리를 어루만지시는 어머니,
그놈의 미국 놈은 왜 또 성화라더냐.
지원을 했으면 했지, 무슨 놈의 현장조사냐.

어머니, 미국 놈이 아니에요.
쌀 주려고 오는 유엔 대표단이에요.
그러니 옷도 신발도 좋은 것은 걸치지 말고
먹지 못해 불쌍한 척 해야 한다며
학교에서 신신당부했어요.

많은 애들 중에 하필이면 내 손자냐,
삼시세끼 잘 먹여도 살 안 찌는 체질인데,
배고파 죽어가는 흉내 내라고 하니
철부지 우리 아이, 얼마나 힘들겠소?

차라리 오늘은 학교에 보내지 마오.
배우지 못해도 좋으니 보내지 마오.

# 김정원

## 금빛나무

우러러 눈부셔라
가슴 내걸고 싶은 은행나무

가는 계절에 서성이는 바람 앞
내 공복空腹의 빛깔

창공에 잠언 한 잎이
노랑나비로 날아온다.

경북 포항 출생
'월간문학' 신인상 당선(1985)
시집 『허虛의 자리』 『삶의 지느러미』 등 다수
율목문학상, 민족문학상, 소월문학상 등 수상
성균관대학교, 명지대학 출강

## 눈사람의 말

함박눈 눈송이가 사람된 날
환한 사랑하나 품고 길 나섰네
시간의 처음에 만난 듯 순백의 아침에
소란스런 세상을 고요로 다독이고 싶었다네

멋있는 겨울모자 후덕한 몸매면
온 세상 은빛 평화로 눈부신다 하더이다

사람아, 알제, 난
겨울 한철 잠시 먼데서 온 길손
하여 햇빛과 거침없는 바람에 순하게 녹으면
돌아갈 고향을 생각하지

거룩한 인연 짧은 만남
그래선지, 사람아
네 몸의 흙내음은 어찌 그리
피 당기는 정일까

우린 이렇게 서서 웃고 있네
우린 서로의 무無를 바라보면서,

그대는 나보다 더 크게 웃고 있다
원생적 아픔 따위 아랑곳없이

그려, 해마다 봄꽃은 피워주었거늘!
창궁의 뭇별이 그렇게 빛나거늘!

스산한 한줄기 바람이
매운 노랫말로 뺨을 스친다

겨울이 지나가고 있다.

# 김정현

## 떠나고 싶어도 떠나지 못하는

아무리 무료한 삶이라 해도
무채색 끈에 묶여 옴짝할 수 없는데
떠나라 하지 마소서

두 팔 벌려 반기는 푸른 들판과
새파랗게 멍든 바다와 인정골을
내 모르지 않거늘

눈인사하고 싶어도
철장은 없으나 시멘트 벽에 갇혀
심호흡에 작은 분꽃 흔들리는데
외출복 없어 떠나지 못할
일 아닙니다

그대는 호흡이고 구름이고
내가 바람이라 해도
묵직한 삶의 무게에 눌려
그 짐 내려줄 이 곁에 없으니
떠나라 하지 마소서.

'지구문학' 등단(2004)
시집 『내가 사랑한 사기꾼』 등 5권
산문집 『수수한 흔적』
동시집 『눈 크게 뜨고 내 말 들어 볼래』
그림동화 『키가 쑥쑥 마음도 쑥쑥』 출간

## 사랑하라 사계절을

열 평 남짓 사무실이 없었다면
모니터를 뚫어져라 쳐다보는 내게 김 시인이
겨울에는 사랑하라 시를 보내지 않았다면
푸른 강물 보이지 않아도
출렁이는 인파가 없었다면
거리를 걸어도 걷는 것이 아니었을 테고
껌을 씹어도 씹는 것이 아니었을 테고
시상을 붙잡아도 허공만 잡았을 테고
숨을 쉬어도 쉬는 것이 아니었을 테요
산허리 돌고 도는 안개가
그대 가슴과 내 가슴에 머물 때
눈물 흘리지 않아도 좋았을 것이며
분홍빛 실루엣이 파랗게 멍들지 않았을 것이며
뽀얀 얼굴에 거뭇거뭇 기미 자국이 그려지지 않았을 것이며
머리카락 풀어헤친 고향 굴뚝에 그리운 얼굴로 떠오르지 않았을 것이며
비밀한 이야기 타임머신에 담아 금은화 그늘 아래 담아두지 않았을 것이며
밤을 타 넘는 수많은 검은 이야기 쓰지 않았을 것이며
퇴적된 꽃 같은 말들의 곳간을 채우고 또 채운 시인의 방
향기 짙은 긴 낮잠에서 깨어 목 길게 빼고 사계절을 부르지 않았을 것이다.

# 김종섭

## 멸치처럼 눕다

애인 빼앗긴 쎄시봉이 운다
비가 내리는 통금시간
여인은 멸치처럼 누워
몸통과 내장을 분리한다
젊음의 삶과 사랑은
쎄시봉의 배신처럼 뒤틀린다
충무김밥과 멸치, 대가리와 똥
똥처럼 뭉개지는 사랑의 환상이다
트윈 폴리오, 하얀 손수건에 홀린 여인
갈대 같은 미소와 입맞춤
바람에 흔들리는 그녀들의 배신을 본다
사랑은 충무김밥, 밥 따로 찬 따로
따로 가는 운명의 길
삶은 환각 속에 묻혀져 가는 것
여자가 들려준 웨딩케이크 선율
가슴 아픈 넋두리다
사랑은 멸치 대가리와 똥의 만남
난 너희들의 친구가 아니야
사랑을 위해 우정을 밀고한 사내
온종일 배추 뽑기로 지친 여인은
멸치를 다듬다 멸치처럼 눕는다.

중앙대 졸업
'월간문학'으로 등단(1983)
시집 『환상조』 등 12권, 시론집 『서정의 미학』 등 3권 출간
윤동주문학상, 조연현문학상, 여산문학상, 경북문화상 등 수상

## 기억의 저편


푸른 하늘, 붉은 사구
하얀 바닥의 사해가 펼쳐지고
수분이 증발된 해저에
성표聖標처럼 꽂힌 고사목
박제된 뼈가 눈앞에 반짝인다

그들 죽음의 계곡에서
또 천년의 미래를 잉태하고
범람했던 호수는 잦아들어
흐르는 시간마저 정지되었다

오직 빛과 바람으로 빚어낸 풍경
상처도 이제는 꽃이 되어
역사의 증인이 될 수 있음을
창백하게 건조된 죽음의 바다는
온 몸으로 보여준다

기억 저편 상처로 꽃을 피운
붉은 사막 속 소금 호수
백골들도 살아나 진주로 빛나는
비경이 슬프도록 아름답다
데드 플라이 신이 빚어낸

# 김준호

## 메주

못난 메주를 보고 할머니는 이쁘다고 하셨다.

한날은 시퍼런 곰팡이가 피어오른 메주를 보고 아무렇지 않은 듯 쓱 닦아내시며 이뻤지만 더 이뻐졌단 말씀을 하셨다.

코 마르지 않던 나의 어린 시절 걸쭉히 흐르는 코를 맨손으로 훑어주시며 똑같은 말씀을 하신 적이 있는터라 메주에게 할머니의 사랑을 빼앗긴 것만 같아 슬픈 밤을 보냈던 기억이 있다.

오늘날 처마 끝, 달을 등지고 또 시퍼런 눈물을 훔치고 있는 메주가 그날과는 달라보인다.

어른이 되어 홀로 눈물을 닦지 못한다는 것은 마르지 않는 까닭뿐이다. 메주가 나보다 시퍼런 눈물을 먼저 흘렸다. 이것이야 말로 정말로 슬픈 밤이다.

월간 시 'SNS시인상' 최우수상(2018)
월간 시 제4회 '청년시인상' 당선(2018)
공저시집 『내 안에 하늘이 조금만 더 컸으면 해』 출간
두원공업 재직 중

## 어머니의 홈런

야구는 집을 나서 집으로 돌아오면 1점이란다.

그러고보면 우리 아버지는 0점이다.
3회 초 휘두른 공이 내야 높게 떠올라
플라이 아웃이 되었으니 말이다.
어머니는 잔박수를 치며 괜찮다 괜찮다 괜찮다.
괜찮다를 곱씹어보면 눈앞이 하얘지는 지금,
그것이 묵직한 볼이란 걸 알았다.

야구는 9회 말 2아웃부터라는데
아, 이 또한 참으로 아리다.
9회 말 2아웃까지 어머니의 손이
시린 함박눈을 견뎌야 한다는 게.

마지막 아웃카운트 하나에
어머니는 품었던 겨울을 꺼내어 긁으실까
어깨와 두 눈에 힘을 키우고
힘껏 휘둘러야할 이유가 생겼다.

태양보다 찬란할 어머니의 홈런을 위해.

# 김지소

## 산의 노래

산의 조상은 빅뱅으로부터
자유를 찾아 우주를 떠다녔다

성단의 공간에서
숫별과 암별로 만나 별들의 열애로
단 하나의 살아있는 행성을 낳았다

지구의 불자궁에서 산의 씨앗으로 자라나
용융의 시간들 속에 억겁의 나이를 먹었다

용암과 화산으로 달구어지고
폭풍 폭우 폭설 빙하로 깎이어
수백 수천 수만의 산들이 잉태하였다

지평선 위에서는 굴곡으로 솟구쳐
산맥으로 높낮은 등고의 군산이 되었다네

때로는 홀로 장엄한 숭산으로 독존한다

수평선 아래서는 해저 계곡으로 곤두박질쳐
해연과 해구 속에 수많은 해산으로 태어났다

때로는 홀로 고독한 비산으로 자존한다

이미 육지에서는
땅 속 뿌리로부터 위리되고
대양에서는
비티아즈 해연으로 수리되어버렸다네

본명 김경수
계간 '문예운동'으로 등단(2017)
진피부외과 대표 원장
셀 아틀리에 서체연구소장

(지구의 대륙에서 명산으로
Sagarmatha
Aconcagua
denaly (Mt. Mckinley)
Mt. Kilimanjaro
Mt. Elbrus
Puncak Jaya (Mt. Carstensz)
Vinson Messif로 이름을 날리네)

세상에서는
인간의 시야에서 소리되어
만고의 이름없는 산이 되기도 했다네

만년설의 무게에 눌려도
산지진의 용트림에 뒤틀려도
계곡의 급류에 휩쓸려도
영웅의 족적에 각인되어도
등산하는 사람들에 밟혀도
영원한 청춘으로
인간들이 센티네이리언으로 사라져도
산들은 지구의 나이만큼이나
인고의 세월 속에 오래 앉아 있다네

*빅뱅big bang : 138억 년 전 우주 대폭발/ 성단星團 : 구상성단과 산개성단/ 용융鎔融 : 고체에 열을 가했을 때 액체가 되었다/ 군산群山 : 수많은 산들/ 숭산崇山 : 숭고한 높은 산/ 비산秘山 : 감추어진 알려지지 않는 산/ 해연海淵 : 해구 가운데 특히 깊이 들어간 부분/ 해구海溝 : 대량에 좁고 길게 움푹 들어간 곳/ 해산海山 : 바다 밑에 있는 산(해구海丘 : 바다 밑의 산들 중 높이 천 미터 이하의 언덕)/ 위리圍籬 : 울타리에 갇히다/ 비티아즈Vityaz 해연海淵(태평양 마리아나 해구 남쪽에 있는 해연 11,034m)/ 수리水籬 : 물의 울타리에 둘러싸이다/ 소리蕭籬 : 고독의 울타리로 격리되다/ 센티네이리언centenarian : 100세

# 김지유

## 꼿꼿한 벼에게

익은 벼 옆에 꼿꼿한 벼가 서 있다
잘 익은 벼는 고개를 푹 숙인다
줄기마다 알알이 가득 차 있어
고개를 꼿꼿이 들 수가 없다
알이 차지 않은 쭉정이만 달려 있는 벼는
태양에게 도전장을 내밀 기세로
고개를 바짝 쳐들고 있다
고개 숙인 벼와 꼿꼿한 벼를 보고
농부는 알곡과 쭉정이를 쉽게 알아챈다

익은 벼 주변을 둘러보니
익은 벼 옆에 허수아비가 서 있다
언제부터 서 있었는지 모를 허수아비가
새들이 쪼아먹지 못하도록
밤잠을 설치며 비바람을 맞아가며
농부를 대신하여 얼마나 힘들여서 지켜냈을까

새들이 쪼아먹은 벼는
껍질만 있을 뿐 알맹이가 비어 있다
알곡이 되지 못한 벼는 왜 쭉정이가 되었을까
새들로부터 지켜준 허수아비가 없어서일까
쭉정이가 되었다고 한탄하지 말고
허수아비와 같은 자가 되리라

전남 목포 출생
연세대 법학과 졸업
월간 시 제25회 '추천시인상' 당선(2019)

## 벚꽃

겨울이 너무나도 혹독하여
봄이 영영 안 오는 줄 알았다
봄햇살을 쬐는 이 순간에도
겨울바람에 오랫동안
시리고 시렸던 가슴은 여전히 춥다
겨울이 너무나도 지독하여
봄이 영영 안 오는 줄 알았다

봄이 왔다는 것이 아직도 믿기지 않는데
태양열에 달구어진 꽃눈에서
팝콘 터지는 소리가 탁탁탁 들린다
팝콘이 순식간에 한꺼번에 터지듯
벚꽃이 하룻밤새 한바탕 만개했다
벚꽃이 톡톡톡 터지는
경쾌한 소리가 들린다

벚꽃이 봄바람에 휘날린다
겨우내 차가운 눈발만 휘날리더니
벚꽃이 봄바람에 휘날린다
차가운 눈발만 있는 게 아니라
화사한 꽃발도 있다고 희망을 전한다
삶이 매순간 추운 것만은 아니라고
추운 날이 있으면 화사한 날도 있다고

# 김창범

## 강을 건너온 사람

강을 건너온 사람이여,
차가운 물속에 모진 기억을 던져버리고
먼 국경의 강을 건너온 사람이여,
가슴 깊이 애처로운 사랑을 간직하고도
스스로 아름다움을 몰랐던 사람이여,
아프고 힘든 세월을 지나서
이제야 내 앞에 다가온 사람이여,
온몸으로 지켜온 그 아름다움을 아십니까?
아픔도 마다 않고 스스로 지켜온 사랑을 아십니까?
저 멀리 기다리는 사랑을 찾아가려고
깊은 강에 몸을 던져 이제 왔습니다.
누군가 아름답다고 말하기 전부터
아름다운 그대, 그 모습 그대로 다가온 사람이여,
또렷한 얼굴, 또렷한 눈동자를 보며
기다리고 또 기다려온 그 사랑을 품습니다.
오래 전부터 먼 길을 찾아온 사람에게
뜨거운 숨길을 감추며 속삭입니다.
이제는 떠나보내지 않겠습니다.
사랑하는 사람이여.

계간종합지 '창작과비평'으로 등단
경제지 기자, 카피라이터, 전 아리랑TV 이사,
현 더디아스포라선교회 대표
시집 『봄의 소리』 『소금창고에서』 출간

## 운현궁을 지나며

낙원상가를 지나
북촌마을 쪽으로 가노라면
안국역에 미처 이르기 전에
열린 한옥 대문으로 안마당이 흘깃 보인다.
늙은 대감이 종을 부르며 기침하는 소리가 들린다.
짐짓 문을 밀고 들어서니
역사는 살아서 처마 밑에 매달렸고
조선의 사랑채가 한가롭게 가을비를 맞는다.
노인의 호령은 아직도 살아서
정갈하게 비질한 노안당老安堂 마당을 가득 채운다.
지금은 그저 지난 일이라지만
한 나라의 운명이 휘청대던 그 날,
기왓장 틈으로 이끼들의 아우성이 들린다.
잠자는 나라여 깨어나라.
오천년 역사여, 백성이여 일어나라.
늙은 대감이 대문을 열고
헌법재판소 앞길로 후다닥 달려갈 채비다.
운현궁 돌담 밑을 지나가노라면
조선이 무너지던 날,
깨어지는 기왓장 소리가 들린다.
늙은 대감의 애끓는 기침소리가 들린다.

# 김태선

## 양귀비를 닮은 사람들

중국 4대 미인
서씨 왕소군
하얀색 조각상 거대하다

10월이 되면
해당화탕 섭씨 43도 온천수
밤이면 양귀비 공연이 이루어지고

아랫나무는 대추나무
위에 나무는 감나무
대추 단감이 열려 섬세하듯

해당탕 성진탕
현종과 함께 목욕을 즐겼던 탕
요소요소 누각들이 배지*되었다

서양의 미모를 닮은
양귀비 자태
백옥 같은 피부다

*배지: 지방 관아에서 장계를 가지고 서울에 가던 사람

세종시 출생
월간 시 제14회 '추천시인상' 당선(2017)
스토리문학 시조 등단(2018)
시집 『공작기계는 삶과 꿈이다』
현 삼원종합기계(주)근무

## 공작기계도 강한 쇠가 살아남을 수 있다

약한 쇠가 있으면 강한 쇠가 있듯이
인간 삶도 그러하다

약한 쇠를 강한 드릴로 구멍을 내듯이
인간 신체도 강인하게 연마*하여야 한다

약한 쇠는 힘이 없이 가공*되듯이
어느 한 부분 몸이 멈추면 힘이 없다

쇠 자재를 바이스에 고정 시키고 612회전*에 쇠가 가공되듯이
살아가는 인생도 실력이 없으면 살아갈 수가 없다

약한 쇠가 되기 싫다
오직 강한 쇠가 되어 강한 인생 삶이 되고 싶다


*연마 : 학문이나 기술을 닦음
*쇠 가공 : 금속으로 이를 놀림조로 만듦
*612회 회전(기어) 속도

# 김행숙

## 어떤 봄날

드문드문 차가 오가는 용서고속도로
통행 카드를 터치하기 위해
시속 30km로 속도를 늦추는데
차창에 살풋 앉는 노랑나비 한 마리

나비는 자동차를
느릿느릿 논둑을 걸어가던
늙은 암소쯤으로 생각하는 모양이다

나는 비상등을 켠 채
갓길로 천천히 이동하고
나비와 한동안 눈을 맞추었다

나른한 오후
구름 한 점 없는 봄날이었다.

경기도 파주 출생.
'시문학'으로 등단(1995)
시집 『멀고 먼 숲』 외 5권 시선집 『우리들의 봄날』 등
영역시집 『As a lamp is lit』
수필집 『바다로 가는 길』
한국기독교문학상, 이화문학상, 김기림 문학상 등 수상

## 가을비

가을비는 마음을 흔들며 내린다
지나간 골목을 적시고
내 젊은 날을 휘돌아
나지막이 흐느끼며 내린다

나 그대를 얼마나 사랑했던가
뼈 속까지 아픔은 파고들어
한 세상 둥글게 살아야 한다던
또렷이 떠오르는 그대 모습

지금
저 언덕 너머에서 기다리고 있는가

가을비 때문에
목이 메인다.

# 김현숙

## 봄밤

1
세우細雨에도
미모사처럼
나를 접었다

2
담을 넘어오는
네 높은 키 아래서
시시때때로 나는 그늘졌다

경북 상주 출생
이화여자대학교 영문학과 졸업
'월간문학'으로 등단(1982)
중등학교 교사, 연화복지관 관장 역임
시집 『물이 켜는 시간의 빛』 『소리 날아오르다』 『아들의 바다』 외 6권
윤동주 문학상, 후백문학상, 한국문학예술상, 이화문학상 등 수상

## 밥그릇을 위하여

나, 밥그릇
밥보다 많은 눈물이 찰랑거렸다

식솔과 먹고 사는 일
짧은 개미 다리로 바삐 뛰다가
땡볕에선 목마른 매미울음을 쏟았다
가끔 밖에서 받는 따뜻한 밥상머리에서는
순한 가시, 두 아들 목구멍에 딱 걸렸다
아직도 밥은 나의 천적이다
선생 놓은 지가 언젠데
그 바른 말이란 걸 들이대자면
밥이 밥그릇을 쿡 찌르며
얼른 고개를 돌렸다
그날, 더 이상 나를 가두지 않았다
밥을 밀어제친 목소리
폭탄 한 개가
세상을 향해 날아갔다 그리고
힘 준 목을 꺾고 바닥에 툭 떨어졌다

눈치에 절은 그릇을 공복의 햇살로 닦는다
안아달라는 풀꽃 맑은 몸들과 눈이 마주쳤다
빈 속이 짜르르 부풀어 오른다
참 오랜만이다

# 김혜경

## 쥬시후레쉬껌

껌은 껌이 아니야 껌은 뺑덕이 에미야 밥주걱을 숭배하는 놀부아내야 「정치학」 조폭들이 세 들어 사는 의사당이야 껌은 졸부야 가을 햇살에 파라솔을 홀로 쓰고 있는 시누이야 서로 씹어 육두문자로, 송곳니로 찌르는 듯 해, 의붓딸은 껌에 숨 막혀 달동네 입속엔 멱살 잡힌 동사무소가 있어 포장마차 석쇠 위에서 소라를 살해하던 K대리, 소주를 씹으며 CEO를 씹다 버렸어 죽음이 생을 깨물고 생이 죽음을 씹어, 껌 속에 반나절 자란 고양이 발톱이 있어 그건 늪이야 히로뽕이야 생고무줄 같은 사람들, 찐득찐득해 모두가 껌이야 찜질방에 둘러 앉아 껌이 껌을 씹어 껌은 싫어 창공에 발자국을 남기지 않는 백로는 씹히지 않아 함박눈 내리는 날 첫사랑에 내가 씹히고 있어

'시인정신' 신인문학상 등단(2012)
가톨릭관동대학교 현대시창작과정 수료.
김동명문학관 개관 6주년 기념집 「동행」 출간

## 서어나무 정류장

언제 올지 모를 편지를 기다린다

초록버스는 무심하게 지나가고
은색승용차는 허공만 태우고
바다를 흔들며 남항진으로 떠난다
다음 그 다음, 도착할 버스의 표정을 알려 주는
전광판의 얼굴
친절한금자씨 눈빛을 닮았다
금자 씨는 시간을 전송하지 않고
기약을 모르는 방망이는 가슴만 두드린다
그대소식 전하는 풍문은 어디에도 없고
정류장 의자엔 기다림 혼자 앉아있다
먼-바다 바라보고 있는 그대 떠올리며
한 그루 서어나무가 편지를 쓴다
다음 생에 오는 버스는 정시에 도착하기를
먼 바다엔 나가지 말기를
구름 같은 건 만지지 말기를,

눈보라 품은 첫눈이 서어서어 내리고 있다
멀리서 봄바다 향기 몰려와
하늘아래에 있는 것은 다 아름답다 말하고 있다

# 김혜숙

## 노란 편지지

어느 곳이든 서로 마음의
징을 울리고 과녁 안으로
활의 초점이 파르르 떨 때
사랑이라 느꼈다

점점 차고 경직된 낡은 시간
노을 진 길목은 노랗게 질려

아둔한 기억을 더듬어
서로 다른 위치라도 곧
한순간 소실점 안에
정확하게 맞닿았던 연분

낙엽을 가득 쓸어 담고
땔감 쓸 일이라 고집한
폐지 손수레가 잠시 허리를 편다

은행나무 길 나부끼는 안골로에
그 작고 작은 도로 안은
잎사귀 가득 쌓인 낱말들
누가 써놓고 갔다

임자! 거기서 잘 있자!

계간 '서울문학' 등단(2013)
시집 『어쩌자고 꽃』
시 전문지 '시인마을' 시 부문 최우수상 수상(2014)

## 겨울이 오고 눈은 내리고

새벽에 폴폴 날리는 눈의
투영을 보게 되고 난 뭔가 궁리가
가득한 미소 짓는 나무를 본다

이제는 부끄러움을 감추려는
겨울 속내가 깊어가면 간혹
한 벌씩 입어 보는 흰 솜저고리와
바지 한 벌씩 껴입곤 하겠지

때론 한낮의 후끈한 태양의 열기에
못 견뎌 솜저고리와 바지는
물기둥이 되어 나무를 훑어내는
허무였다가 목축임으로 깨달을 때
겨울은 근육이 점점 커 가고

우리마음의 근육은 그 반대로
훈계하는 사람이 없어도
혼자 초라해질지도 모른다

겨울엔 언제나 가슴에
바람시린 버림들의 속죄가
가득 차 있다

앞서 떠난 것들이 안쓰러워서

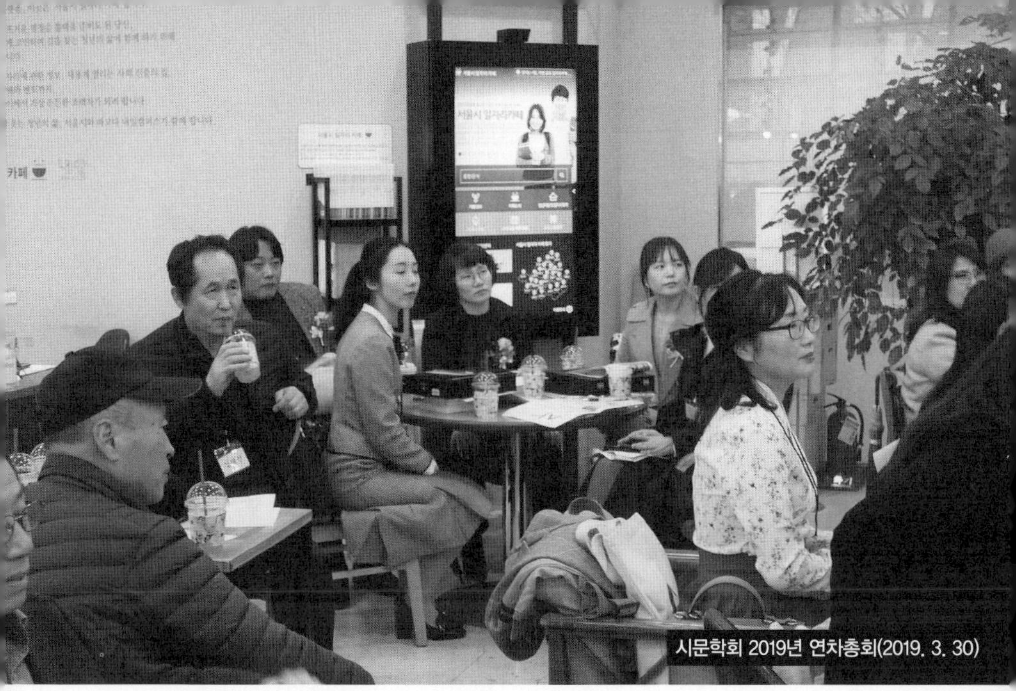

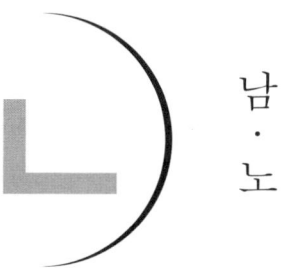

시문학회 2019년 연차총회(2019. 3. 30)

# 남 · 노

# 남민우

## 청포도의 꿈

먼데 하늘이 꿈꾸며
알알이 들어와 박힌다는
초인의 시세계처럼

초록의 꿈들이, 송이송이
내 가슴 속에도 들어와 박혀 영글어가는
칠월.

이른 봄, 파 일구고
땀방울로 헤친 흙의 가슴이
빗방울로 녹여내고 땡볕 폭염에 다려지면
왕매미, 풀벌레 연주로
맑은 희망이 덧입어 간다.

나는 꿈꾸는 청포도

오실 님, 맞아
마른 목 축이고 곤한 기운 돋우어
그의 시가 되고 노래가 되어
젖어 들리

그대 가슴에

충북 청주 출생
경북대 공대 졸업
월간 시 제15회 '추천시인상' 등단(2017)
공주 한일고 교사 재직 중

## 철들어 간다는 것은

가을로 물들어가는 것

푸르른 꿈을 위해
눈앞의 푸름을 벗어놓고, 바람 따라
단풍들어가는 것

겨울을 내다보며, 계절 너머
봄을 마련해 놓고, 겸허히
낙엽 질 줄 아는 것

버팅기며, 마냥 푸르름으로
주장만 하려 하지 말고, 계절처럼 열리며
다가오는 삶의 이야기에
귀 기울이는 것

덮어두었던, 가슴 속 시집을 열어
동그라미 숫자로만 따지는 각진 황량한 세상만이 아닌
대자연 순응의 길을 온몸으로 지고, 그렇게
써 가는 것

시절 따라 젖어 들며, 갈색 오션*
가을로
인생이 익어가는 것

*성장만을 추구하는 그린 오션에서 비움과 나눔과
 되돌림으로 돌아가 공존의 삶을 추구하게 되는 가을 같은 세계.

# 노석주

## 숲속에서

여름과 손잡고 뒷동산 산책길
툭
또르르
가을이 내게로 왔지
난 가을이 슬프다고 했지
설익어서 슬픈 거라고
살며시 귀띔 해준
초록 도토리는
낮은 언덕을 넘어
숲속으로 사라지고
나무 위 가는 가지를 움켜잡은
덜 여문 도토리와
가는 세월을 움켜잡으려고 한
어리석은 내가
여물어 보기로 약속한
늦여름의 숲속

경남 산청 출생
월간 시 제21회 '추천시인상' 당선(2019)

## 사랑해

사월의 벚꽃 같은 까만 꽃술을 단
하얀 사랑이 떠내려갔지

동동동…

내 소녀일 때 쓰다 만 연애편지
고요한 밤엔 미리내의 슬픈 별 하나 내려 앉히고
새벽을 밀어내며 기지개 켜는 어린 햇살도 태우고
감당하지 못 할 목 메인 외로움은 다 데리고
한 번도 사용하지 않은 창창한 그리움도 싣고
섬세하지 못한 바위에 부딪혀 아프기도 했겠지
차마 전하지 못한

'사랑해'

라고 쓴 쪽지
두근거리는 단어들을 하나하나 찢어
꽃 그림자 흔들리는 개울물에 띄웠지
지금쯤 돌고 돌아 먼 나라 어느 바다 위
알래스카 해안이거나 카리브 해안의 어디쯤
물결 같은 근육을 가진 외로운 항해사가
문장으로 엮어 느린 우체통을 채웠을

사랑해!

# 노수옥

## 이사

봄을 싣고 온 용달이 가을을 부려놓았다
모퉁이를 돌아온 이삿짐
고양이의 울음을 태우고 왔지만
마당의 그늘은 놓고 왔다

잠복한 가난은 해마다 터를 넓히고
아이들의 숫자는 늘어났다
무릎에 닿던 동백나무가 막내의 키를 훌쩍 넘었다

햇살을 따라온 거울은 몇 번의 이사 끝에 실금이 가고
장롱은 좁은 문을 드나들며 무릎이 까졌다
함께 살던 가난이 용달의 뒤를 따라왔다

언덕배기집을 떠나온 이삿짐의 종착지
용달의 꽁무니에
전출입 주소가 빼곡하다

햇볕을 반쯤 걸친 반 지하방
오래전 주인이 된 가난이 먼저 방을 차지했다
두어해 볕을 굶은 동백은 꽃봉오리 다 떨어뜨렸다

충남 공주 출생
중앙대 예술대학원 문예창작과 전문가과정 수료
'시인정신'으로 등단
시집 『사과의 생각』 『기억에도 이끼가 낀다』 등 출간

## 봄엔 다 그래요*

우리 집 자(尺)들이 조금씩 자랐어요
그만큼 세상의 길이들은 줄었겠지요
의자들은 부풀고요 치마들은 뚱뚱해졌어요
언니들은 뒷굽을 조심해야 해요
평지들이 뒤뚱거리니까요

봄엔 다 그래요
할머니는 초록 머리카락이 새로 나고
흔들리던 이빨은 모두
새로운 뿌리가 생겨 단단해졌대요
지친 아지랑이가
노인의 이마에 와서 눕고요
삼각 혹은 길쭉한 씨앗도 모두
동그란 열매를 생각한대요

나도 새로운 말투로 말 몇 개를 바꿔야겠어요
말은 관계들 사이를 헐렁하게 풀어놓고요

이름마다 보풀이 일어나요
저녁이 되면 전등이 저벅저벅 걸어와요
조심해, 그건 넘어지는 방법이야
새로운 말투로 알려주고 싶어요

봄의 모서리가 줄어들면
태양은 더 둥굴어지고
밤은 착한 마음씨처럼 훈훈해져요
창문은 문틈에 푸른 귀를 매달아요
다 자란 삼각자는 삼각을 낭비하고요
줄자는 길이를 낭비해요
그건 헤픈 것이 아니래요
길이를, 사이를 줄이려는 거래요
봄엔 다 그렇대요

*제18회 김포문학상 우수상 당선작

# 노희

## 해찰

어느 해 화창한 봄날이었다
밭에서 일하시는 아버지 점심도시락 들고
어머니 심부름 가다 빼곡한 뽕나무에
벌집처럼 매달려있는 새카만 오디가 눈에 들었다
어린아이가 장난감 가게 앞을 그냥 지나가지 못하듯
본능처럼 뽕나무 밭으로 들어선 나는
나뭇가지에 벌레처럼 매달린 채 입이 새까맣게 되도록
한참을 따먹다 보니 점심시간이 훌쩍 지났다
시장하실 아버지 걱정보다 어머니께 야단맞을 일
두려워 서둘러 뽕나무밭을 나왔다
오늘도 세상 밭에서 일하시며 나타나지 않는
도시락 기다리다 개울물로 허기를 달래고 계실
지쳐가는 아버지 까맣게 잊은 채
달콤한 오디 유혹에 흠뻑 빠져있는
철없는 아이들을 생각해 본다

전북 남원 출생
'문학세계' 신인상(1992)
크리스챤신문사 신인 문예상
시집 『어부가 되리』 『사람 숲으로 가서』 등 출간

## 친구

설핏해질 무렵이면
저녁처럼 마주앉아 차 한 잔
나누고 싶은 친구가 그리워진다

마른 풀처럼
내음이 정겹고
초가집 굴뚝연기처럼
천성이 한가한

내내 밤길을 함께 걸어도
어둡지 않고
생의 종잇장도 맞잡아
한결 가벼운

뜨겁지만 그늘이 있고
차갑지만 지열이 돌고 있는
적정 온도와 습도를 유지할 줄 아는
마음에 넣어도 아프지 않은

오랜 벗 불러내어
향 좋은 차 향음하며
고단한 하루 마감하고 싶어진다

전남 망덕포구 정병욱 생가에서(2019. 4. 20)

명·문·민

# 명재신

## 아라비안나이트 1
-야자수

거기 있어만 줘도 좋다

어둠이 건 어둠이 아니 건
내가 있을 때 그대가 있고
내가 없을 때 그대만 있고

한 낮 내내 풀지 못하던 수수께끼들
수수께끼처럼 풀리는 이 한 밤
함께 나누는 어둠 같은 시간들

오늘은 내가 행인이지만
내일은 내가 신령으로 남아
이 더운 한 밤을 함께 하리

그대가 있어 오늘은 살겠다.

전남 고흥 출생
동아대학교 졸업
시집 『겨울사랑』 출간(2013)
월간 시 제15회 '추천시인상' 당선(2017)
현 GS건설 쿠웨이트 근무 중

## 아라비안나이트 3
-싸대기

세상 바깥 섭씨 50도를 오르내리는
혹서기 야간 근무 마치고 낮 열 한 시
퇴근해서 낮술 몰래 먹는 사제 술 싸데기
공갈맥주에 휘휘 둘러 얼굴 버얼겋게 해서는
이 노무 세상 이렇게 살어 말어
내 식구들 멀리 있어 보고 싶어 눈물 나구 말구
부장.상무.전무 높은 데 계시는 분들
한 주간에 모아놓고 뒷 담화 안주 삼아
눈치 백단 삼국인 엔지니어들 싸가지 있니 없니
어째 이 노무 세상 시간은 이렇게두 안 넘어가노
누구 싸대기라도 한 방 날리구
그 핑계로 조기 귀국이라도 하고 말제
아이구 덥기는 와 이리 덥누
세상살이 뭐 있나 그냥 저냥 사는 거제.

문일석

## 친구, 어서 오게

요 며칠, 안산자락
아카시아 진한 향에
모든 향기 다 숨었다네.

친구, 어서 오게.

아마 자네가 온다면
인간적인 향에

아카시아 향이
어쩌할 바 모를 걸세.

친구, 어서 오게나.

아카시아 향기 진한
안산자락 숲으로.

'현대문예'로 시 등단
인터넷신문 '브레이크뉴스' 발행인
저서 『비록 중앙정보부』 등 30여 권

## 갠지스 강에 띄운 꽃불*

빗물, 내렸으니 흘러가야지.

갠지스 강에 꽃불 띄우니
물길 따라 제 갈길 간다.

꽃불 띄우며
소원을 비노니
소원이 성취 되려나

강은 흐르고 있고
띄워놓은 꽃불은 멀리 사라져가고

세상 떠난 사람을 위한 노천 장례식장
시신에 갠지스 강 물을 뿌리며
가족들이 운다.

사람, 왔으니 가겠지
가는 사람은 꼭 가야 하겠지.

*꽃불 의식 : 인도 갠지스 강가, 이른 새벽이면 작은 꽃잎에
 촛불을 올려놓고 강물에 띄우는 의식을 말함

# 민문자

## 밀어

우리의 소망은 행복이요
행복은 아름다워요
아름다움은 꽃이요
나는 그대에게 꽃이고 싶어요

'한국수필' 수필 등단(2003), '서울문학' 시 등단(2004)
부부시집 『반려자』 『꽃바람』
수필집 『인생의 등불』
칼럼집 『인생에 리허설은 없다』 『아름다운 서정가곡 태극기』

## 행복한 여자

나는 행복한 여자
가슴 가득한 사랑을 안고
긴장된 마음으로 며칠을 보냈어요
어머니를 위해서 나를 위해서
정신을 집중한 시간들

하얀 화선지에 먹물을 입힙니다
사랑하고 존경하는 마음을
한 자 한 자 같은 글을
낮이나 밤이나 쓰고 또 썼어요
아무리 써도 마음에 차지 않아요

전에도 많이 썼던 내용인데
참 알 수 없네요
어머니 사랑합니다
어머니께 이 마음을 전하기가
이렇게 어렵다니 알 수 없어요

188자 한 번 쓰는데 한 시간
모두 서른다섯 장을 썼어요
아직도 정성이 부족했나요?
그렇지만 이젠 시간이 없어요
고르고 골라 한 장을 택했어요

서른세 번째가 선택되었네요
간택된 화선지가 제일 잘한다는
이름난 표구사를 찾아가요
어머니 계신 안방 벽에 걸릴 족자
96세 생신을 축하합니다

# 민영기

## 저녁 강

노을빛 저무는 저녁 강에
물새 떼가 날아오를 때
내영혼의 심장엔 불타는 노을

갈댓잎 흔드는 바람소리
아 슬픈 가을의 노래

오가는 이 누구인가
눈 마주치는 코스모스,
내 영혼의 노래
저멀리 울려 퍼지네

빨갛게 노을빛 물드는 저녁 강엔
긴 낮과 밤의 경계
향기, 아름다움
더는 비울 게 없어 시드는 국화꽃 한 송이
아름다워라
하얗게 서리가 내려 앉을때
곱게 지는 그자태

아 너무나 아름다워라

경기도 안성 출생
월간 시 제2회 '특별추천상'으로 등단(2018)
시집 『미친 사랑의 노래』 출간

## 그저

그저
별과 달처럼 끊어질 수 없는 운명으로 만났기에
그대를 사랑합니다

예전엔 그저 꽃을 가꾸어 당신께 바치려고 했습니다
하지만 이제는 마음을 가꾸게 되었습니다
당신이 원하는 건 꽃이 아니라
마음을 원한다는 걸 깨달았기에

한때는 세상을 다 얻고 별을따서
당신께 바치는게
당신을 행복하게 해주는 일인 줄 알았습니다
하지만 깨달았습니다
당신의 세상은 바로 나라는 걸,

그대 아직은 따뜻한 눈빛을 거두지 마셔요
그저 사랑은 꽃을 가꾸고 징검다리를 놓고
별을따는 일인 줄 알았던,
처음 만날때의 벅차던 꿈처럼
아직도 내안엔 가슴이 뜁니다

# 민윤기

## 광화문에서는

광화문에서는
역사가 일상처럼
지나간다

촛불을 들고
태극기를 흔들고

격랑이 흘러간 후
아무 일도 없는 것처럼
커피를 마시고
시집을 읽는다

열망과 증오—

그 어느 편에도 서지 않았던 사람들과
그 어느 편에든 섰던 사람들은
버스를 기다리고
전철을 기다리며
헤어지고
또 만난다

광화문에서는
일상이 역사처럼 지나간다

경기 양주 출생
월간 '시문학'으로 등단(1966)
시집 『시는 시다』 『삶에서 꿈으로』 『서서, 울고 싶은 날이 많다』 등 출간
산문집 『다음 생에 다시 만나고 싶은 시인을 찾아서』
문화비평서 『그래도 20세기는 좋았다』 『소파 방정환 평전』 등 다수
현재 월간 시 편집인, 유튜브 문학방송 '시와함께' 진행

## 너는 행복하겠다
−노숙자 김씨*

저녁에 돌아갈 집이 있는 사람은 행복하겠다
방안에는 집밥 냄새 가득하고
빨랫줄에는 속옷들이 뽀송뽀송하겠다
웬수 덩어리 귀신은 뭐하길래 안 잡아가누 하며
고단하게 잠든 마누라 얼굴에는 삶의 신호등 같은
암호가 적혀 있겠다

아침에 갈 곳이 있는 사람은 행복하겠다
쥐꼬리 같은 수입이라고 자책하지 마라
로또 대박이나 꿈꾸며 짜증나는 꼰대들 틈에서
때문에 때문에 때문에 네 탓 세상 탓 궁시렁거리더라도
할 일 있으니 그게 살 맛이겠다

안부 물어오는 친구 한 명이라도 있는
사람은 행복하겠다
뭐해? 괜찮냐? 궁금해서 보낸 거니까 신경 쓰지 마
이딴 문자 별 내용 아니라고 걍 섭지 마라
작은 관심이 사랑이다
그 사랑이 바로 네 구원천사다

*서울역 앞 지하도에서 만난 초등학교 동창에게서
 들은 말을 적었다.

# 민인자

## 꽃과 신발

오가며 던져주는 플라스틱으로
배를 채운다
하마처럼 입이 큰 분리수거용 자루

나도 먹이 몇 개 던져 넣다가
언뜻 눈에 띈 계단식 화분 진열대
별로 흠도 없고
정교한 격자무늬가 아름답다

빛은 조금 바랜 모습이지만
악수 청하듯 손 내밀자
오랜 친구처럼 덥석 나를 잡는다

늘 벗어놓은 신발로 잔칫집 같았던
집 현관에 들여놓았다

그날 저녁부터
우리 집엔 갖가지 꽃이 만발했다
무질서는 옛일인 듯
화분 진열대 위에 차려진 꽃무리들
하루의 수고를 꽃으로
빛내고 있다

인천 출생
월간 '문학저널' 시 등단(2009)
계간 '한국문인' 수필 등단(2012)

## 날아간 새

하와이 빅아일랜드 국립공원
뽀루지 같은 화산꽃이 피어 있다

분화구에서 나오는 매캐한 입 냄새에
캑캑거리며 뿌리 내릴 틈을 찾았을 것이다
이따금 펑펑 끓는 속 드러내는 섬에서
살기 위해 스스로
키 자르고 목 자르고 다리를 잘라
작달막한 삭정이 같은 몸뚱어리
곱지 않은 피부를 가진 붉은 오히아 레후아꽃
누가 씨 뿌렸을까

바람일까 구름일까
분명 새의 짓일 것이다
드래곤 등 같은 용암 위에 하얀 뼈처럼 쓰러진 나무들이
이곳은 살 곳이 아니라고 적막한 말을 하는 곳
절망을 희망으로, 숲으로 가꾸고 싶던 새가
끊임없이 씨를 물어 날랐을 것이다

화산섬 지킴이, 그 새가 보고 싶다
단내 나는 화산재 속에서
숨 몰아쉬며 새에게 화답하듯
오히아 레후아는 꽃을 피웠을 것이다
황량한 검은 벌판에 화신이 된 처녀 꽃
내 마음 풍경 속에 피어 있다

임홍재 시인 묘소에서(경기도 안성시, 2019. 8. 31)

ㅂ) 박·방·백·변

# 박기화

## 남겨도 남겨지지 않을

알큰하게 밀물져 오는
고단했던 날들의 기록되지 않는 발걸음
지금 나는 기억해내려 애 쓴다
누구라서 추억해 줄까 내 소소한 감정들
나조차 우두커니 남의 일처럼 바라보는
그래서 섭섭한 일상의 호흡들
살비듬 같이 흩어지는 시간의 주검들
살려낼 수 없는데 꺼내어 본들
파고 파도 모래뿐인 척박한 지난날
유효사거리를 벗어난 탄알같이
퇴색해지는 기억력 너머에서
오늘을 관통하지 못하고 말라가는 눈물방울
현기증 나게 까마득히 어쩌면 이생을 넘어
나의 시작은 그 끝이 있는 걸까
무한궤도의 한중간에 멈춰 서서
이 쳇바퀴의 굴레를 벗어날 궁리를 해본다
하나씩 정리해도 계속 쌓이는 흔적들
모두 치우면 홀가분하게 잊혀질까
남겨도 남겨지지 않을 내 역사를
가엾어서 어떡하나 걱정해 줄 이 없는데
혹여 있어도 시나브로 사라질 텐데
나는 내 마지막이 망설여질까
계절은 제 자취를 미련 없이 지우고 가는데

서울 출생
동국대학교 국문학과 졸업
월간 시 제5회 '추천시인상' 당선(2016)

## 봄, 변비


돌처럼 굳어버린 생각
말랑말랑한 것들은 무념의 늪에 깊이 가라앉았다
아침을 거르고 애저녁 포만감을 느끼기엔 부실한
점심도 몸 속 어딘가로 내려가
물기를 빨리고 돌처럼 말라가고 있다
봄이 얼어붙은 풍경을 서서히 치장하면서
도처에서 설레발 같은 노래들이 들려오는데
시 한 줄 뽑아내기 힘겨운 내 일상에도
봄 비스무리한 햇살이 끼얹어지고 있다
나는 다시 바지를 내리고
목 언저리 굵어지도록 거북한 배에 힘을 쏟는다
등줄기에 식은땀이 나도록
자판에 양손을 올리고 뚫어져라 모니터만 바라보다
망부석처럼 기다림에 지쳐 돌이 되어가는
또 다른 실루엣의 내가 보인다
돌똥 같은 시 한 덩이 쏟아내려고
침침한 눈 비벼가며 지난 기억들을 응시하다
불현듯 떠오른 십수 년 전
그걸 게워내기가 주저되는 건
책상머리 붙들고 앉아 떠먹여달라
입만 벌리고 있는 나를 못 믿어서고
궁금해 하지도 않을 당신에게
어떻게 봄이 세상에게 한 것처럼 꾸밀 수 있을지
정수리까지 딱딱해지도록 헛힘 쓰며
변기에 앉아만 있는 나 또한 못 미더워서다

# 박나나

## 풍경을 그리다

바람 좋은 날
들어간 찻집
풍경 하나가 찰랑거린다

따라 들어온 햇살 무더기와 함께
아꼈던 언어가 우르르 쏟아져
찻잔에 담기고
누군가 들어오는 소리에
수채화 한 폭이 말갛게 번져 간다

허기진 틈을 메우며
떨어져 나간 갈래들을 하나로 모으는
이야기가 있는 풍경
얼어붙은 소리를 녹인
그녀의 마음에 고인 하트 무늬는
카페라테 잔에 선명하다

내가 들고 온 마음을
그녀의 찻잔에 부어 준다

'문예운동' 등단(2015)
시집 『시간이 앉았던 흔적』 등 공저 다수
제4회 '꽃문학상' 우수상 수상

## 이팝나무 그늘에서

도서관에서 나와 산길로 들어섰다

이팝나무 가지마다 환하게 길이 열리고
나른해진 감각을 흔들어 깨우는
꽃들이 내지르기 시작한 함성이
코끝에 향기로 다가왔을 때

사는 게 별거냐
사는 게 별거냐고 하시던
지금은 곁에 안 계신
엄마의 말이 생각난다

딱지처럼 붙어 떨어질 줄 모르는
언어의 부스러기를
가만히 떼어 놓으며 두 손을 모으는데
계절이 만들어 내고 있는 또 다른 시간이
이팝나무에 소복이 쌓이고

점점 말을 아끼는 동안
오래된 흉터 하나 아물고 있다

# 박성웅

## 가을밤 조각달

높은 하늘 위에 외로운 조각달
차가운 밤하늘 그 위에는
두둥실 외로운 조각배 한 척
작은 별들 비껴 가는 하늘길
하얀 구름 목화솜 헤치며
가끔은 한 뭉치 두뭉치 내려놓고
눈 내리는 엄동설한 오기 전에
솜이불 미리 준비하라 하더냐.
냉기 품은 가을 들녘
바람에 싫어 단풍 소식 함께 오고
곱게 물든 단풍잎 낙하 전에
함께해 온 둥근 달을 기다리는
붉은 감. 한 많은 세상 걱정의
가슴 속 다 물러빠지는
빛을 읽어 늦어가는 가을밤
단풍 냄새. 온 누리에 퍼져갈 때
높고 높은 하늘이어라.

1950년 대구 출생
서울시인협회 회원

## 감이 익을 무렵

지금까진 우거진 나뭇잎 뒤쪽
조용히 숨어 있던 푸른 열매
혼기가 차서인지
얼굴빛이 예쁘게 발그레한
달덩이 모양 복스럽다고 하더구나

작은 감이 푸르기만 하였는데
조석으로 찬바람 오라 노릴 드니
풍년 결실. 이 가을 기다리며
혼기 찬 감들이
예쁜 얼굴에 홍조빛 물들 때

주춧돌 위에 벗어놓은 예쁜 신발
바로 놓고 들어간 이층집 처녀
그 윗집 키 큰 둘째 따님
혼기 찬 아가씨들의 가을이
너무너무 바빠지겠네.

# 박소해

## 묘비명墓碑銘

그 해 반듯하게 누운 자리를 떠나 본 적 없다
공교롭게도 음각陰刻으로 굵게 새겨진 이름으로는
너를 유추해낼 수 없다

잘록한 허리 사이 홈은 메워졌고
이제는 굴곡지지 않는다.

시간이 빠르게 분해되는 동안 포르말린 향이
훑고 지나간 흔적은 액취처럼 남아 있다

긴 터럭처럼 검게 풀어헤친 오로지
밤뿐인 둥근 지붕을 덮고서 낮을 잊었다

제단에 쉽게 무릎을 꿇는 사람들은
정釘을 치고 고딕체로 문패門牌를 내걸었다.

충북 옥천 출생
김천대 유아교육과 졸업, 방송통신대 국문학과 재학 중
월간 시 제6회 '청년시인상' 당선(2019)

## 빈집털이 범

집을 비운 사이 그는 날마다 바다를 끌고 와 손질한다
하얀 벽면에 시무룩하게 번지는 비린내가 전보다 영역을 넓혔다

숨이 죽은 베개 밑에 시큼한 정수리로 흔적을 남기고 잠적한다
사람마다 갖고 있는 체취라는 것이 있다
너는 그럴 리 없다고 박박 우겨본다

집은 비고 온기가 식었고 여전히 환기되지 않았다
뼈를 가른 살점들은 거름망 사이사이 게걸스럽게 걸려들었다
나는 기겁을 하며 독하게 약을 친다

표시해 둔 길은 모두 처단당했고
헨젤, 바다는 더 이상 이곳에 올 수 없다.

박수수

## 새점 치던 노인

흐린 날
보문산 새점 치던 노인
노인의 흰 수염은 바람에 펄럭였어
나는 생각했지
저 새는 왜 날아가지 않을까

작은 새는 노인의 어깨 위에서 내려와
부리로 점궤를 뽑아냈지
양철 깡통 속에 꽂혀있던
하얀 담배 모양의 점궤

도르르 말려있던 운명의 말
누구도 믿지 않던 가벼운 농담
어슴푸레 낯선
열두 살의 그림.

대전 출생
월간 시 제22회 '추천시인상' 당선(2019)

## 자갈산의 흰 돌


푄이 불어온다.
신탄진 강가의 돌
소금집 고양이
오동열매에 관한 기억

풍한방적 옆
도랑에 가득 차
움직이던 실지렁이 뭉치

소나무 껍질을 갈아만든
손바닥보다
작은 조각배

내 손가락 틈을 쉬이 벌리고
달아나던 땅강아지
형들이 구워먹던
흙 속의 아기장수

나는 앞집 아이를 물었다
앞집 아이는 나를 무서워했다.

# 박영선

## 쓰레기를 염(殮)하다

대문에 내다놓은 쓰레기들
이젠 아예 써먹지도 못할 놈이라고
냅다 비까지 퍼부어 을씨년스럽다

조금이라도 더 담으려
홀치고 추슬러도 삐죽 미어터지는데
그만도 못해
테이프로 봉투를 돌돌 감는다

오직 주인님의 일용할 양식이나
호위무사였던 것들,
저들이 퇴물이라는 걸 알기나 할까

핑계 댈 것 없는 내 미안함을
어둠 한 자락이 고맙게 덮어주고 있네.

'문예운동' 등단(2017)
제2회 전국문학인 '꽃시' 백일장 우수상
시집 『산그늘 주유소』 『내 인생의 음표 제자리 찾기』
공저 한영 대역시집 『여섯 개의 변주』.

## 보름달

낙엽
스산한 창밖,
어둠은 짙어가고

마음에 쓰라린
별 하나

나뭇가지에 걸려
눈부신 듯 아픈 듯
부서져 내리는데

올려다본 밤하늘
휘영청 둥근 저 달은

남을 아프게 할
모서리가 없구나!

# 박용섭

## 봄날

여기쯤에서 차라리 노 젓는 빛과
출항하고픈 생의 물비린내
밤낮없이 난전 여는
시대 운 비처럼
보이는 것 너머 보면서
저쪽에서 먼저 펄럭인다

얼룩으로 채운 하루 뭉개버리고
취한 사내 떠난 움푹 패인 자리
삐걱거리던 하루
빙어 내장처럼 차가운 우듬지 태질하는

비 한 줄기
눈 한 줄기
생각의 포장을 안으로
저 발아래 다 걷어 내지 못한 퇴적
겨울과 함께 녹아 봄빛으로 도래한
포만의 줄 딸기,
달콤한 삶의 접시에 채워지면
신선한 만취

꽃이 열매 영글듯
내 꿈 이삿짐처럼 부려지면
내일보다 먼저 펄럭이는 높이에서
가만히 있어도
봄볕에 파랗게 생각이 핀다.

계간 '좋은 문학'으로 등단(2011)
시집 『내 책상에는 옹이가 많다』(2017)

## 칼날

보이지 않는 것이 더 무섭다
초침소리
생에 내리고 쏟던 물길 같은 생각도 비탈로 흩어져
밤과 낮 함께 넘고

또 한 페이지 펼쳐
생각의 강물 채우던 인연도 바람에 휩쓸려
해는 눈살이 점점 아래로 눕는
달력에 묶어놓은 붉은 동그라미

살아있던 날들이 죽어
달려온 만큼
반대편으로 밀어내고 있다
앞이 뒤가 되고
뒤쪽은 바라볼 사진 한 장도 거세당해
빛바랜 비문처럼 걸려있다

생에 지문들이
토막토막 끝없이 사라지면
시린 숨 몰아쉬며 칠 부 능선에 으스러지는 생
입안에서 막 녹으려는 얼음 송이처럼
이별하며 돌아가는 지금 순간
서리 묻은 칼날
이미 과거로 변해버린 나도
한방 작두날 감초처럼 잘려 나간다.

# 박이영

## 의자는 서 있다

온통 귀였다
소리를 듣기 위해
카페 깊숙이 몸을 밀
어 넣고
너의 주문을 받기 위해
나는 의자로 서 있다

에스프레소는
한 잔의 나무이거나
나무의 아픈 손가락

진물이 나도록
증명된
향기의 뿌리는 깊다

볕든 곳이 내 집이라고
말하는 내가 부끄럽다

저 발과 이 발이
편한 향기 속

기다림에 익숙해진
의자는 공평했다

절규도 구원도 아닌
살아온 두 손,
나무를 닮은 마디가
있다

중앙대 예술대학 창작전문가 과정 수료
계간 '예술가' 신인상 당선(2016)

## 눈을 뜨고도 보이지 않는 각도가 있다

아무리 끓어도 넘치지 않는 분량이
있다

날아갈 공중길
빗방울 금형을 뜨는
고드름의 형식을 얹어
눈물이 넘치지 않는 각도에서
손바닥에 무한을 쥔다

삶은
자라나는 꽃병
깊게 흐르는 범종소리
밥 냄새로 청강하는
참새발자국
새치 애마

기념일을 사랑하여
약속장소를 가진 푸른 인맥이다

욕망은
처음 던지는 질문처럼 부풀어
고드름의 양식을 염두에 둔다
얼었다 녹았다 좌불안석의 기류

어느 쪽도 가질 수 없는

말이 고픈 날,

줄곧 꿈이 된 채
꿈을 꾸고도 꾸지 않는다
예상에 불과한
아침에 일어나는 것으로
매일을 단정하게 차려입는 수밖에

법문에 드는 범종소리
평정을 수련해 과속하지 않는
향기다

# 박일소

## 멸치쌈밥

바다가 보이는 창가에 앉아

남해바다를 통째로 싸서 먹었다

창 너머 들어와 앉는

푸른 하늘도 함께 마셨다

전주 출생
박병순 시조시인으로부터 사사
시집 『꽃 아래 마음의 거울 놓고』, 『하늘로 보내는 편지』 등 5권
한국미소문학상 대상, 한국문학비평가협회 문학상 등 수상

## 공룡발자국

공 : 공룡발자국 따라 내려온 고성

룡 : 용궁으로 유혹되어 가는 아름다운 길

발 : 발그레 상기된 얼굴로

자 : 자연이 그려놓은 상족암 절경을 보네

국 : 국화향기 흩어지는 하얀 파도꽃

# 박 잎

## 북항에서

밤비를 그리며 북항에 닿았지
검은 고양이의 노란 눈동자
라벤더 화분으로 기울고,
불가사리
물고기
해변가 아이

레그혼,
낮은 철망에 갇혀
깃 푸득이고
다시 가벼운 바람
동풍을 그리며
방파제로 스며드네

허공에 나부끼는
비눗방울
갈매기 날개쪽으로
흔들리는 강아지풀

동백
빈 골목에
스러진
당신
물거품.

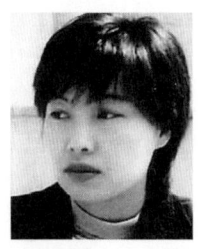

대전 출생
충남대 영문과,
성균관대 대학원 영문과 졸업
월간 시 제13회 '추천시인상' 당선(2017)
시집 『꿈, 흰 말』 출간

### 화석

은밀한 살육의 낮,
갈대 뒤,
솔수펑에서 자지러지는 닭의 목청.
뉘 있어, 봄, 닭의 목을 비트는가.


풍문으로 들었다
너의 죽음.

차디찬 시장바닥
폐허로 딩구는 몸
거적 하나 덮어놨다 한다.

바람이 몹시 불던 날
역 앞에서
너는 내게 한병의 소주를 청했고
계속 청했고,
나는 끝끝내 거절하였다.

차디찬 푸른 물 들고
너를 찾았을 때
네 몸이 변두리 불 속에서
재가 됐을 때.

진달래 피기 전날,
너는 허름한 슬픔으로
멀어져갔다.

오직
전락으로만 치닫던
네 목의 문신.
안녕, 카르페디엠!

# 박창호

## 내가 쓰는 시

바람에 베인 눈물이 만든 주름
작정해서 사랑하고
작정해서 이별했네.

이 시, 노래로 불러다오
그림 좀 그려다오
비좁은 길에 오늘도 꽉 차서 다 맞고 가네.

비, 눈, 바람마저 그려낼 수 있는
아프다가 간지러워
간지럽다가도 웃픈 나날
그래서 만들어본 주름들이 시가 되네.

하고픈 말 겨우 눈짓으로
쓰는 말 듣는 시
짧은 한숨으로 토해낸 숨 자국들이
주름 같은 시가 되네.

목포 출생
월간 시 제4회 '청년시인상' 당선(2018)
시집 『용해율』 출간(2018)
(주)그린오크 설립(2009)
현재 (주)그린오크 재직

## 몰매

앞서가면 앞서간다고
늦으면 늦는다고
거위무리에 울음은 오리울음
오리무리에 웃음은 거위웃음
그렇게 무리지어
부비 부비 살지

뭐하나 다를 게 없는데
니 맘대로 그랬다고
굳이 처방 없는 사랑
결국 병명 없는 아픔

말 좀 허지
아닌 건 아니라고-

상처, 꿰매도 아물지 않을-

흔들리는 소리만 덩달아 들킨
멍석 말은 소리 없는 바이브레이션
들켜서 밤새 애먼 어둠만
몰매를 맞는다.

박천서

석화

얼마나 기다렸는지
그 겨울은 춥지 않았다
바다를 바라보면 울컥 밀려오는
그래서 하염없이 바라만 보았다
목젖을 타고 넘는 뜨거운
돌아서면 잊어버리는
살냄새가 잠을 설치게 한다

많은 색이 바뀌어도
오늘도 언덕 위에 탑을 쌓는다.
바다는 말이 없고
배들은 누가 볼세라 숨을 죽인다.
살며시 열리는 부끄러움에
겨울 꽃향기가 방안을 덮고
저 멀리 등대불만 깜박거린다.

서울 출생
계간 '현대시문학'으로 등단(2005)
시집 『또 다른 하루를 꿈꾸며』 『벽화 그리기』 출간

## 녹동 항에서

소록도를 돌고 나오는데
숭어가 온다는 연락이 왔다
배들은 나가고 들어오고
그때마다 파도는 몸부림을 치는데
기다려도 소식이 없다
길을 잘못 찾은 어린 숭어들은
아니라며 몸부림을 치지만
듣는 이는 아무도 없다
바다 바람에 옷깃 여미고
힘차게 낚싯줄 던져보지만
요동치는 바다물만
많던 낚시꾼들 떠나고
허기가 밀려온다.
아. 점심시간이었구나.

# 박현구

## 어시장 취나물

으쓸한 갯바람은 짜고 눅눅하다
바닷가라고
바다 사람만 사는 건 아니라서
어시장이라고
갯내음만 떠도는 건 아니다

한 칸 가게도 없이
ㄷ자로 엎드린
시장통 골목의 좌판 하나에서
취나물 서너 무더기가 왁자하게 슬프다

밭에서 뜯은 건 삼천 원
산자락에서 캔
작은 무더기 하나는 오천 원이라며

기웃대는 옆 좌판을 밀치는
여든 생生의 치열함이
갈고리 같은 손아귀에 못으로 박였다

짜고 눅눅한 장터의 바닷바람은
사람을 차별하지 않는다지만

초록의 산나물이
방석 반 장만한 널빤지 위에서 쓸쓸하고
노파의 마른 몸은 홑옷을 걸친 채 꺾였다

경남 마산 출생
부산대, 고려대 경영대학원 졸업
월간 '시문학' 신인우수작품상으로 등단(2018)

# 채굴

안겨오는 힘을 거스르지 않아
느낌을 향해
아파트는 거꾸로 자라지

바다를 밟고
우리는
아래로 내려가

살아야 하는 곳을 퍼내야 해

화약 냄새는 집요해서
기둥이 되고
천장이 되고 바닥이 되고
마침내 집이 되는 거야

퍼낸다는 건
보드랍게 만드는 일
양지는 남겨서 살고
어둠은 남겨진 허공이지

일렁이던 마그마는
엉겨서 답답해
겹겹의 몸은 뜯기고

육신은 남아서 기억되지 못해

힘들어하지 마
나는 거야
텅 빈 허공에 갇혀서도
스무 평짜리 아파트의 비상을
꿈꾸는 거야

# 박효석

## 우리 아파트 들꽃

날마다 자그마한 애완견 서너 마리씩을 끌고 타인과 대화는 물론 눈도 마주치지 않는 그녀가 아파트 주변을 산책할 때면 한 송이 들꽃 같다는 생각을 하곤 하였는데

어느 날 그녀가 전동 킥보드를 타고 도로를 질주하는 것을 보는 순간 왜 순간적으로 사냥개 같다는 생각이 머리를 스치고 지나갔는지

가장인 그녀가 사족을 움직여야만 그 집의 생계가 유지된다는 것을 알았을 때 그녀야말로 외딴 산길이나 들녘에서 온갖 비바람을 다 사냥하면서 핀 들꽃이 아닌지 그녀의 들꽃 향기가 온몸으로 퍼져올 때면 그 들꽃 향기 속의 맑은 산새 소리와 영혼을 맑게 씻김하는 아주 작은 소리로 샘 흐르듯 고요하고 은은한 울림으로 다가오는 것 같은 그녀는 우리 아파트 들꽃

'시문학'으로 등단(1978)
24번째 시집 『예수가 되는 가로수들』 출간
수원시 예술부문상, 북한강문학상, 만다라문학상, '문예사조' 문학상 등 수상

## 장미꽃 생화

삼한시대의 고분을 발굴하다가 온전한 상태의
미라를 발견하곤 경악을 금치 못할 놀람으로 거
의 혼절할 뻔 했었다는 신문기사를 접하고는

아름다움이 도도하기 그지없는 생화 장미는 꽃
병에 꽂은 지 닷새도 못가 시들어 버리는데 반해
조화 장미는 십 년이든 이십 년이든 아무리 세월
이 흘러도 그대로인 것을 보면
고분에서 발견된 삼한시대의 그 여인은 숨을 멈
추는 순간 장미꽃 조화로 환원된 것은 아닌지

숨을 쉬고 있다는 것은 어쩌면 썩을 준비를 하고
있다는 것인지도 몰라 숨을 멈추고는 물속에 잠
수할 때처럼 생화 장미도 꽃병에 꽂힐 때마다 숨
을 멈추는 연습을 많이 훈련하면 좋으련만

산다는 것은 숨을 쉬어야 하는 것이기에 잠시도
숨을 멈출 수 없는 장미꽃 생화

비록 이 세상의 삶은 단명일지 몰라도 향기 없는
조화 장미 같은 미라로 오래 살기는 싫어 생명을
다하여 낼 수 있는 가장 향기로운 향내로 온몸의
향기 다 발산하며 숨을 내쉬고 있는 장미꽃 생화

# 방지원

## 질마재 길

바람이 먼저 다녀가면
고개 갸웃한 태양이 온종일 마음대로인
운곡저수지 그 너른 곁을
질마재가 꼬불꼬불 따라 걷는다
밤새 내린 눈 밟는 발자국 소리
팔짱 낀 곱절의 리듬이다
하얗게 주저앉은 천지에
대나무 숲은 푸르러 반갑지만
쑥부쟁이 억새밭은 한창때를 지났네

등짐장수 아비를 눈이 붓도록 기다리는
아들의 꽁꽁 언 발을 녹이러
허리 편 봄이 어김없이 오리니
침묵의 눈길을 성자처럼 걷는다
난데없는 외마디 텃새 울음
솟구치는 그리움에 길을 잃었나
희디흰 여운
미끄러운 세상은 차디찬 길을 끌고
길은 속 좁은 세상을 품고.

서울 출생
'문예한국'으로 등단(1999)
시집 『한 고슴도치의 사랑』, 『달에서 춤을』, 『치즈가 녹기 시작하는 온도』 등 다수
시선집 『사막의 혀』 출간
김기림문학상, 계간문예 문학상 수상

## 사막의 혀

모래폭풍이 지은 붉은 도시에 갔었어
한을 품고 떠난 이들이 산다는 곳
예리하고 고운 사막의 혀를 세워
기묘한 신들의 세상을 만들었더군
문득 태양이 지는 쪽 비탈에 아버지가 보였어

세 살에 부친을 처음 상봉한 독립운동가의 아들
전쟁이 끝났어도 전쟁 치르듯 휘몰아쳤을
아버지의 팍팍한 세월을 짐작만 했지
나 살기 바빠
아버지가 늙는다는 건 더군다나 생각도 못했어

말씀이 더듬더듬 어눌해지고
눈빛만 간절하던 아버지
돌아가실 땐 입을 못 다물고 가셨어
허공을 향한 바짝 마른 혀에
열두 권 이야기책을 얹고
햇살 다른 먼 나라의 낙타를 타셨지
차가운 혀를 넣어드리며 울지도 못했어.

# 백승문

## 번갯불 문신

수억 년 잠에서 깨어난 돌멩이에
혼을 불어넣는 일
수만 년 묵언수행을 마친 돌덩이에
시를 새겨 넣는 일
천 개의 시비를 세우겠다는
봉성리 석수장이의 집념이
호숫가 작은 산골 마을을
시비의 숲으로 바꾸고 있었네

무심한 바윗돌에
석공의 손길이 닿으면
돌 속에서 황룡이 솟아오르고
둥근 돌은 둥근 대로
모난 돌은 모난 대로
글씨 몇 자, 낙관 한두 개 새겨 넣으면
생긴 모양 그대로 부처가 되고

그중 특별한 부처님 한 분
'번갯불' 문신한 미륵불이
'번갯불' 쏘인 시인과
상견례 올리던 날
산골 석수장이 천 개의 꿈이
또 하나 영글어가는 찰나
하늘은 수많은 별들을 이 땅에 내려 주셨네
별들은 가없는 축복을 양손으로 합장하였네

*허형만 시인의 미산면 봉성리 시비 〈번갯불〉 제막에 부쳐

충남 보령 출생
월간 시 제19회 '추천시인상' 당선(2018년)
IT/SI산업분야, 데이터 전문가

## 애향의 집

물속에 고향 잃은 사람들은
물빛공원 영산홍 꽃물결만 보아도
목이 메고
그참에 고향 떠난 사람들은
양각산 산벚나무 단풍드는 소리만 들어도
눈시울이 붉어졌었지

그땐 물빛에 살기가 돌았지
흐르는 물길을 막으면
마을을 삼키는 줄 알았지
모든 것을 잃는 줄 알았지
하지만 고향 잃은 사연이야
어디 물속뿐이겠는가
나이 들면 누구나 실향민
어린 시절 고향은
홀로그램 속 아련함인 것을

물속에 잠기지 않았더라도
세월에 묻혔을 삶의 흔적들
애향의 집*으로 입주한
할아버지 손때 묻은 쟁기와 가마니틀
할머니 손맛을 기억하는 다식판과 다듬잇돌
망향정* 난간 아래엔
수몰의 아픔이 대롱거리지만
애향의 집 선반 위엔
수십 년째 고향이 영생하고 있었네

*보령댐 건설로 수몰된 9개 마을 이야기를 보관하는 시설.
*보령댐 애향박물관의 옛 이름. 충남 보령시 미산면 소재.
*망향정은 '애향의 집' 부속 건물로 보령댐 최고 전망의 정자.

# 변윤

## 나의 봄

해 뜨는
저 풀잎 언덕
졸음으로 쏟아 내리는
풀포기의 폭포수
산지사방 뿌려지는 푸른 말소리
뭇 풀내음의 숨결은
모두가 내 것이로다.
저 땀방울로 쌓아 올린 연봉은
내 평생 바랄 이상일지로다.
따끈히 부어내리는 다향같이
금싸라기 햇빛을 데불고 돌아와서
그대 풀밭 대지
노고지리의 청람빛 노래와 함께하고 있자면
맑디 맑은 사색의 샘물에 빠져들지로다.
한창때의 꿈으로
달려가도 달려가도
조상들 등뼈 같은 등마루여
조국강산 파묻혀 사는
그
모두가 누구의 것도 아닌
고마운 내 살붙이로다.

'시와 의식' 신인상(1984)
'시문학' 우수상(1991)
시집 『눈 내린 숲길이 깰 때까지』 『촛불을 바라보며』 등 발간

## 지하철에 걸린 명화

아카시아 꽃신부등 너머
우주의 능선
달이 떠오르고
원숙히 익어 내린
모링가 열매 나뭇가지 걸터앉은
마르테 초가을 여인이
비파를 뜯고 있다.
그 곡조에 뜯긴
아리, 아리랑, 쓰리, 쓰리랑 땀 구슬 고개
무한 생각 가지의 잔해가
잔잔한 바람에 떠가는
붉을레 부끄럼으로 분단장 해
등대 불빛처럼 다가설
미지의 그림 한 장
지하철 행인들 눈망울 밑에 걸려 있다.
까만 염소들이 서로 부르고 부르며
오고가다가
에헤에 에헤에앵 소리
어둠 벗겨 내린
마을 숲속의 전신이 새벽이슬에 젖어있음조차
못 보는 것을

제27회 공초문학상 시상식 후 공초 묘소에서(2019. 6. 5)

서 · 성 · 소 · 손 · 송 · 신 · 심

# 서순남

## 다랭이 마을에 동백꽃 지다

삼거리 교차로가 지퍼를 열기 시작하면
그 안에 툭 떨어진 새빨간 명자꽃
꽃잎을 받쳐 들고 콧노래를 흥얼거리는
사월의 등 뒤에서 늙은 어부가
낡은 그물을 펼쳐서 넌다

얼룩을 거두어 돌아가는
나이 든 여자의 관절처럼 안타까운 오후
해안가 둔덕에 앉아 라디오 잡음을
바코드로 읽어내던 안개가
버스에 올라타며 내뱉는 잉크빛 한숨

물비늘의 재채기에도 엉덩이를 들썩이던 봄꿈이
자동응답기와 현금지급기 사이
주파수를 맞춘다

무심히 다릿목에 걸쳐두었던 햇빛을
아무렇게나 벗겨들고 따라나선 바다엔
일찌감치 뜀뛰기를 시작하는 숭어 떼
그제야
슬리퍼, 하루를 작성하기 시작한다

월간 '시문학'으로 등단(2018)
한국 시문학문인회 회원

## 만석동

이끼 앉은 슬레이트 지붕을 덮던 저녁이
엎어진 신발을 냅두고 서쪽으로 갔다

그리려던 무늬는 좀처럼 다음 규칙을 잡지 못하고
두툼한 주름만 제자리걸음인데
돌개바람은 목덜미를 동네 밖으로 밀어낸다

하루하루 헐거워져 가는 골목
잔금 하나 없이 닳은 손바닥이
저며 놓은 계절을 몇 번이고 들춰보지만
실눈 뜬 담쟁이만 살바를 다잡고 악다구니를 한다

숫자 뒤에는 널브러진 괄약근이
유리창에 묻은 꽃잎 걱정을 한다
웅크린 처마 밑에서도 앓는 별의
꿈 풀이를 해주던 조각보

멀리 파도가 몸을 풀 때 새벽을 흔들던 불빛
그 안에 설핏 겹쳐 잠처럼 흐르는 한 사람
자정을 기해 기습 인상된 시내버스 요금 같은

# 서정리

## 그림자의 서정

마악 들어서는데
멀찍이서 가리키시며
행운목의 꽃이 폈구나

독감을 이기셨나보다
짙게 어린 깊어진
눈 그림자

시든 잎 사이로
꽃 타래 한 줄기
거룩할 수 있다, 꽃도

한손을 맞잡고
더 여윈 가슴팍
이것은 향기인가

잠시 꽃 그림자
머무르다
눈물처럼 묻어나리라

봄날
오래된 나무와 고요한 저 볕과 함께
말씀 한 자락은 무얼까

어머니
오후 그늘로 나를 데리고
가자 하시다

'심상'으로 등단(2010)
시집 『가일리 가는 길』 『달을 배회하다』 출간

## 당신의 옆

얼굴을 마주하고
눈을 바라보는 일
민망하다
이따금 나는 당신의 옆
에 앉아
조곤조곤 말하는 것을
좋아하다

뒤를 바라보고
가만히 서 있으면
적막하다
그래서 나는 당신의 옆
부드러운 이마, 콧등을
사랑하다

고개를 반쯤 돌려
옆구리를 보다
희로애락의 깊이를
다 알 수는 없다
그리하여 쓸쓸하고

당신과
나
어쩌면 서글퍼도
옆에 서서
온 몸과 온 마음을 집중
하다

# 서정혜

## 모하비 사막에는 그대가 있다

나무는 나무끼리만 논다

선인장 가시가 찔러대며
강인한 생명체가 자리 잡은
그 사막에 당신이 있었다

어둠 속에서 은밀하게 뿌리 내린
사이사이로 자리잡은 여호수아나무
돌아서 나오는데
어느 틈에 따라와 무방비 상태의
내 늑골 밑에 자리 잡았다

독수리 다리에 소름 돋으며
비상하여 잡아채는 바람 한 갈래
떠오르는 해를 관통한다

동국대학교 동 대학원 졸업
'문예운동'으로 등단(2006)
시집 『물푸레나무로 서다』 등 4권
한영번역 6인시집 『6개의 변주』
제22회 '청하문학상' 수상 등 다수

## 그 가을에 대한 여러 이야기

마당엔 무서리가 감나무에 걸터 앉아
홍시를 불러들이고
모두가 하나의 장소에 대한 기억을 이야기 했다

누구는 즐거움의 장소로
누구는 슬픔을 이야기 했고
하늘이 파랬더랬다고
아니라고 짙은 회색빛이 비를 부르고 있었더라고
또 누구는 전혀 기억을 하지 못했다

지나온 시간들은
엷은 막이 씌워져 반짝이기 시작하고
생각은 신중해져
모든 것이 아름다웠기에
추억은 축복이라고

나는 꾸욱꾹 눌러 담은 그늘을 펼치며
석류알이 가득 찬 이 가을을
불러 들였다

# 성숙옥

## 다시, 꿈

꽃이 온다
계절 이름표를 달고 온다
얼음이 깨져 해가 되고 빛이 된다
빗소리 귀에 담으면 세상이 색으로 돋는다
식물같이 뿌리내리고 싶어
꽃같이 피어나고 싶어
나는 꽃무늬 가방을 꺼낸다
가방을 열자 해 지난 마른 꽃이 떨어진다
꽃잎이 펄럭이며 내 얼굴에 붙는다
따뜻한 바람을 잡아 바닥에 깔고
마른기침들을 털어낸다
빛은 내 손을 잡고 꽃씨는 기지개를 켜
봄을 뿌린다
발밑으론 종일 싹이 나고
다시, 꿈

'시문학'으로 등단(2012)
시집 『달빛을 기억하다』 출간
제16회 '푸른시학상' 수상

## 사랑초

자줏빛 잎으로 오래된 화분,
언제부턴가 그림자까지 힘없이 늘어진다
보는 내 눈에 권태가 껴
베란다 구석에 밀어 놓았다가 뽑아내고 말았다

그 화분에 요새 눈에 들어온 다육식물 청옥을 심었다
햇살을 먹고 통통해지는 자태에 거친 내 눈은 그윽해지고

어느 날
청포알 같은 다육식물 사이
세 잎의 자줏빛 큰 날개들이 구불구불 올라와 내 마음에 돌을 던진다

허방을 뚫고 나온 색의 소요

버리고 들이는 자리로 천착해보는 마음

몸이 찢겨도
물이 말라도
당신을 버리지 않겠다는 사랑초 뿌리 한 줌
새 화분에 옮겨 심는다

# 소재호

## 시인은

시인은 밤이거나
밤을 살아 나온 별이거나
밤과 별을 묶어 흐르는
안개이거나

실제와 허구를 혼용해 내는
적정寂靜한 감성이거나

시인은 뚜렷하면 죽는다
수없이 죽었다 살아난다
태양이 이글거리다가
노을을 놓고 죽어가듯이

'현대시학' 추천완료(1984)
시집 『어둠을 감아내리는 우레』 『초승달 한 꼭지』 등 다수
목정문화상, 녹색시인상 등 수상 다수
석정문학관장 역임

## 안개

지척이 천 리

천 리가 지척


비우면 가득 차고

가득 차면 비워지는


실재와 허상을 버무리며

가득가득 무상$^{無常}$

# 손수여

## 백목련

봉긋한 하얀 얼굴

덜 피어 더 예쁜 꽃

순박한 너

장미보다 더 곱다

꺾어 피운 꽃 마흔 해

여전히

지금도 반한 그 꽃.

문학박사
'한국시학' '시세계'에서 시 등단,
'월간문학'에서 평론 등단
시집 『숨결, 그 자취를 찾아서』 등 5권
학술서 『국어어휘론 연구방법』 『우리말 연구(공저)』 등 8종
P.E.N문학상, 대구의 작가상, 최남선 문학상 등 수상

## 복 들어온 날

복날을 앞두고 아들 내외가 주말에 저녁 예약을 하고 왔다.

어느 구청 앞의 평범한 식당인데 앉은 자리 상 위에 깔린
종이 보에는 "사랑으로 요리하고 복 담아" 복을 주는 집,
'복들어온날'에 며늘 또래로 뵈는 지현 셰프를 만났다.
한두 가지씩 요리를 내 와선 어른 아이 취향에 맞춰 주는데
진정성이 묻어나고 요리마다 정갈한 맛, 기다린 손에게 토막 칭찬
풀어넣은 말맛까지 정이 철철 넘쳤다 참 복 들어온 날이었다.

## 지구의 건강

봄의 나무는
숲이 되는 것이 소망이고
가을의 숲은
나무가 되는 것이 꿈이다

소망이 크면 클수록
여름의 숲은 더욱 울창해 지고

꿈이 원대하면 할수록
겨울의 나무는 뿌리를
더 튼튼하게 만든다

나무는 숲을
숲은 나무를
서로 선망하며
지구를 건강하게 하고 있다

경북 군위 출생
'예술세계' 시 등단(2011)
시집 『바람에 앉아』 출간
영랑문학상, 경맥문학상, 시세계문학상 등 수상

## 끝사랑

첫사랑은
누구에게나 감미롭지만
꽃길따라 떠나버린
추억 젖은 슬픈
그리움보다는
오히려

겨울 한복판
종착역에 있어도
떠나지 않고 매달려
곁에 매달려
가끔씩은 뚝뚝뚝
눈물도 흘리는
고드름 같은

그런 사랑
끝사랑이 어쩌면
더 좋을지 몰라···.

# 송영숙

## 석양

하루 한 번 흘러넘치는 샘
세상에서 가장 아름다운 굴렁쇠
찬란한 동그라미여
저 문으로 빨려 들어가는 자는
천국을 맛볼 수 있으리니
착한 이들만 들어갈 수 있는 나라
그 광명의 백호
저물도록 바라보다 눈멀리니
그때 비로소 눈 열리리니

'시문학'으로 등단(1993)
시집 『벙어리매미』 등 3권 출간
호서문학상 수상

## 바라는 대로

지금까지의 파란은 없던 거다
졌다

이제 어디로 갈까
적막강산이다
덩그라니 부표처럼 떠서
걸음은 뒤뚱뒤뚱 오리가 되어가고
빌어먹고 사느라 인사도 못 챙긴 인사

여분의 들숨과 날숨 내리쉬며
내려다본다
오른 후의 공이
기껏해야 내려다보는 것
뿐이라니
묻는다
바라는 것이 과연 무엇인가.

# 송일섭

## 왜구(倭寇)의 일기

대마도에는
산과 바다만 있다

한 뙈기
논도 밭도 없으니
주린 배 채우는 일이
죽는 일보다 더 어려웠다.

검푸른 바다 휘저으면서
비린내 조각에 취하고
남방의 들녘 그 알곡 넘보는 것은
목숨 잇는 처절한 투쟁이었다.

왜구라 한들
도적이라 한들
그 비난 따위야, 무슨 대수랴.
노략질은
삶을 잇는 엄숙한 생업이었다.

누군들
검푸른 바다 두렵지 않았을까
높은 파도에 목숨 시리지 않았을까
버림받은 섬의 한(恨) 된 설움
쓰시마에 와 보니 알 듯하다.

'수필시대' 수필 당선(2009)
월간 시 제17회 '추천시인상' 당선(2018)
전북 구이중학교 교장

## 피슈 貔貅(pi xiu)

용龍의 형상이지만 용이 아니다.
식탐 산처럼 높고 바다처럼 깊으니
그 포만의 뒤끝,
질펀한 악취 푸지게 쏟아내니
막내둥이라 한들 귀엽기만 했을까
그 버릇 고쳐 주고 싶어서
끌어안고 엉덩이 찰싹 때렸지만
아이고, 이걸 어쩌랴 항문이 막혀버렸다 .

소림사 대웅보전 앞에 바싹 엎드리어
짓궂은 망나니 벌 받고 있는 것일까
커다란 돌기둥 등짐 지고
가쁜 숨 몰아쉬고 있구나.
그러고도 히죽거리듯 웃고 있으니
세상의 연민은 오히려 사치 아닐까
어떤 무게도 거뜬히 감당하는
자신감 그리고 당당함 아닐까

뱃속 포만은 저금통 같아서
재물 가득 채우는 그 신통함이라니
가장 낮은 곳에 엎드리어
보옥寶玉을 담아 지키는 신이 되었으니
사악함 몰아내고 호기를 노리는 피슈여
부자 되고 싶은 중원의 욕망만큼이나
기념품 가게마다 우글거리고 있으니
그 피슈 따라 사람의 욕망도 부풀고 있다.

# 신기선

## 일천만 개의 꽃

나를 따라 내려온
일천만개의 꽃이 지네,
지네

하늘의 별을 보고
두고 온 엄마꽃, 아빠꽃
누나꽃 송이, 송이 헤아
리며

일흔 해 찬 서리에 젖어
눈물의 이슬이끼 곰 피
우던
일천만 개의 꽃이

밤하늘에 새별이 되어
빛나네, 핏기 없이 빛나네

나를 따라 내려온 꽃이
나도 별이 되어 가리라

일천만 개의 별을 따라
나도 곧 가리라

먼 하늘 아래 시들어 있는
옛 꽃산, 옛 꽃들녘을 보러

곧 갈 거야, 별이 되어
곧 가리다, 곧 갈 거야

함북 청진 출생
동국대학교 국문과 졸업
월간 '문학예술' 조지훈 시 3회 추천 등단(1957)
"60년대 사화집" 동인
시집 『맥박』 『아리랑 산천에 흐르는 눈물』 『바람의 집』 등과
서사시집 『운무림속에 한이슬의 눈물이』 출간
시와시론 문학상, 상화시인상, 시예술상, 함북도문화상 등 수상
소설적 평전 『인간 김대중의 눈물』 발표

# 네 개의 구둣발

길이 열리는가 길이 뚫리는가
통일의 길이 환하게 열리는가

판문점의 늦은 4월
네 개의 구둣발이 남북을 가로막은
한 토막 백두, 한라의 돌판을 넘나
들자

얼어 있던 남북의 팔천만 겨레의
목소리가 일제히 열리며 울려 퍼
졌다

얼어 있던 눈물이 녹아 내렸다
얼어 있던 심장이 뜨겁게 뛰며 용
솟음 쳤다

포탄과 총소리가 155마일 모든
전선에서 일순에 멈췄다
통일의 깃발이
동서 바다에 나부끼며 자유의 바
다가 되었다

육십년 한 서린 한반도의 아픔을
전쟁이 없는 금수강산이 되어갔다

네 개의 구둣발이 오래도록 기다린
평화의 토종의 꿈을

두 몸체의 백두대간이
남과 북에 이루어 놓았다

무궁화 꽃을 진달래 꽃을
우리 겨레의 두 꽃을 하나로 묶어
놓은
네 개의 구둣발

남북에 돌처럼 굳어 있던
믿음을 되찾은 신바람 나는 판문점

매미는 여섯 해 동안
어두운 땅속을 깨고 나와
새 세상 보고 노래하듯이

네 개의 구둣발은
가는 길도 하나 사는 길도 하나
번영의 내일을 찾아 노래하며

남북이 잘사는 세상
남북이 같이 사는 세상
남북이 서로 웃는 세상 만들며

네 개의 구둣발은 오늘도
어디론가 또 넘나들고 있었다

# 신기섭

## 미적분

학생 시절 그렇게 고생시켰던 미적분
3차 방정식이나 근의 공식도 몰랐다
sin, cos, tan에 삼각함수까지 나를 놀렸다

동창을 만나면 회자되는 얘기로 큰 웃음을
주지만 자수성가한 친구의 목소리가 유난히 크고
보란 듯이 돈을 쓰기도 한다

나이가 들으니 교집합이 많이 늘었다
살아가는 문제는 원만히 집합 안에 있다

헌데 술 한배가 돌고 나면 자기만의 변하지 않는
차집합은 이념으로 자리 잡고 있으며
도량이 좁은 편협 된 편견이라 할 수 없는 지경이다
순수를 잃은 차집합은 다양하다

아름답게 늙어라.
다시 미적분인가, 엉킨 실타래인가,

전북 군산 출생
서울시 지방행정직 33년 근무
월간 시 제10회 '추천시인상' 당선(2016)

## 0의 진실

비운 것도 채운 것도 아니고
주는 것도 뺏는 것이 아닌
정복당하지 않는 본능
찢어진 상처를 보듬어 지키는 정체

착화도 하고 소방도 하고 산화하는
녹기도 하고 얼기도 하는 임계의 점
없어도 보이고 있어도 보이지 않는 절개
영영 사라지지 않고 영원한 존재

진지하고 치열한 극으로 치닫는 양극화를
틀어잡고 위와 아래를 고정시키는 힘
부서져라 껴안고 버티며 이겨내는 가늠자
없는 각을 잡아가며 치우치지 않는 자존심

허공에 박혀 기울기를 지켜내고
황홀하고 뜨거운 여인의 농염한 감상
채굴되지 않은 금강석의 고결한 지배
불가항력의 힘을 가진 아틀라스

# 신남춘

## 틈

젖어버린 세월을 말리는 것
닫힌 문 활짝 열어 재치고
세월만큼 받은 햇발 있는 까닭이다
틈이 있는 곳은 이끼가 덮이고

지나온 자리 아픔을 토하고
부드럽고 따뜻함도 언제부턴가
조금씩 사라져 무디어진 세월
빗살무늬의 삶에 얹히는 계절과 계절

온몸이 바삭바삭 메마르며
틈이 생긴다 이제는
숨겨진 일상 드러나는 삶의 미학
인생은 이어짐과 끊어짐의 반복

떠나버리는 계절에 누워
목이 마른 내 영혼
틈 벌어지고 있다 조금씩, 조금씩
그리하여 이승과 저승사이
짙푸른 강하나 흐른다

월간 '한비문학' 신인상(2011)
월간 시 제5회 '추천시인상' 당선(2016)
시집 『풀꽃 향기』 『비 오는 날의 초상』 등 출간
한비문학상, 대한민국예술대상 수상

## 그리운 고향집

넓은 초가집 한 채
남향을 바라보고 앉았지

마당 넓고
담장 가 화단엔
수선화, 매화, 작약이 가득 피던 집

뒤뜰엔 텃밭 하나 푸성귀 짙푸르고
작은 언덕에 머위가 자라
가죽나무 몇 그루 섰던 집

먹는 것 입는 것 넉넉지 않아도
이웃과 나눌 줄 아는
사랑이 가득한 집

담장 밑으로 깨진
항아리 흰 사발 조각이
널부러진 그 집

머릿 속에서 뱅뱅 도는
그 옛날 어릴 적 살던 그 집
지금은 영영 보이질 않네
집이 아니라 고운 추억의 공허

# 신순임

## 홍수*

여물어 가는 해바라기 씨처럼

빼곡한 별

봉창 비집고 광채 뿜어

고즈넉한 갈 밤 호리다

어둑새벽

대문 비집는 안개 맞아

떨던 수란(愁亂) 갈무리하는데

희끄한 처마 끝으로 시선 던지니

담장 베고 별빛 흘려

빈 입에 미각 저울질하는 홍수

지난 밤

속속들이 별빛 쟁여

약리작용 하는 귀한 몸이라며

하도 우쭐되어

한 입 움푹 베무니

손과 입

동시에 별이 되네


*홍시

'조선문학'으로 등단(2011년)
시집 『무첨당의 5월』 『양동 물봉골 이야기』 1, 2 등 출간

## 해후

원형보존 묶인 문화재 보호 구역 살며
새로운 가전제품 언감생심이었는데
정지 한 칸 손보아 김치냉장고 들이려
시멘트 세 포 사왔더니
반기사하는 노친네
"돌가리 세 포먼 모래 쪼맨만 섞어도 되겠다며
메레치 젓 담아 단지 아가리 덮는데 딱상인
돌가리 포대기 내뻐리지 마란다"
말 많은 인공지능
언간한 생활용품마다 탑재된 세월 살며
클 때 쓰던 말들
지방 사투리란 이름표로
기억 저편에서 늙어 쳐졌는데
오랜만에 들어보는 옛말이
어설픈 황토제이 궁뎅이 들쑤셔
홍냥홍냥한 돌가리 반죽 질질 널쭤
입 부조하는 노친네
신 퉁자밭이 듣기 무안스러워도
흥 오른 손길
오랜만에 만난 돌가리
먼지 날리며 한나절 가져가도
솟는 정감 삭힐 줄 모르네

# 신정아

## 노란 폴더
―언어는 허상이다 1

바탕화면 속 폴더에는
무엇이 담겨 있다

노란 가방에 빼곡한 글자들,
이야기를 만들고 있다

가방은 아직 노란색이야
어른이 되지 않았거든

어른은
더 이상 가방 속에 있지 않다,
눈으로 만져지는 곳에 있다

어떤 가방은
지퍼를 채우고 있지

글자를 더 많이 가지고 있는 가방
곧 터질 수도 있는 가방
어른이 될 가방, 그러나

지퍼를 풀고 싶지 않다,
글자는 그냥 글자이고 싶다

이야기의 덧없음을 알지
코로 느끼는 것만 진짜야

가방에서 스멀스멀
냄새가 빠져 나온다

가방을 단단히 채운 지퍼도
빠져나오는 냄새를
막을 수는 없었다

'월간문학'에 동시 당선(2012)
월간 시 제5회 '청년시인상' 당선(2018)
동시집 『시간자판기』
공저시집 『내 안에 하늘이 조금만 더 컸으면 해』 등
평론집 『신현득의 동시세계』(우수학술도서 선정)
대학에서 기초 글쓰기, 한국어 강의 중
황금펜아동문학상(2015) 수상

## 진짜 찾기
−언어는 허상이다2

귀로 상처를 듣고
입으로 상처를 뱉는다

듣자마자 뱉었는데
가슴엔 빨간 핏줄이 그어졌다,
선명하다

먹자마자 뱉은 음식은
상관없는 무엇이 된다

그러나 아픔은
진짜다

고작 허상 때문에 여러 달,
앓는 소리를 낸다

허상은 느낌을 만들지
따끔한 상처를 만질 수가 없다
가슴을 열고 꺼내고만 싶다

음식을 토해내듯 마구
토해내고만 싶다

고작 허상 때문에 곧
죽고 말 것이다
꺽꺽, 숨이 막힌다

엎혔다, 비가 내린다

비는 상처를 쓸어가지 않는다
흙이 있었으면 좋겠다
비를 담아두는 흙

잔디가 자랐으면 좋겠다
비가 생명인 잔디

흙은 상처를 덮을까
풀은 약이 되어줄까
흙 위에
또 다시 언어를 쓸 거야
아니, 상처를 뱉을 거야

그것도 아니,
그림을 그릴 거야

# 신현봉

## 묵시적 청탁

8:0은 헌법 파괴
재판 아닌 반역 담합

묵시적 청탁이라 하고
그걸 죄라고 판결하는 법관

국방력을 약화 해체해도
박수치며 고무하는 기레기들

평화는 거저 주어지는 것이 아닌데
자발적으로 핵의 노예가 되겠다는 종북

법전의 육하원칙은
어디로 갔는지

어두운 시대의 태양은
태극기를 높이 세우는 사람들뿐.

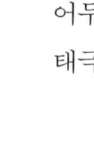

충북 제천
한양대 교육대학원 졸업
1987 '현대시학' 전봉건 선생 추천완료(1987)
시집 『히말라야 가는 길에』『작은 것 속에 숨어있는 행복』등 다수
한국현대시인협회상 수상

# 휘날리는 태극기

1

　누가 탄핵했는가?
　털어도 먼지 나오지 않는 깨끗한 대통령을
　거짓과 사기와 누명의 구덩이에 파묻고는
　봉분을 태산처럼 쌓아 올린 자들 아닌가.

　어이없고
　어처구니없는 현실에
　평생 시위라고는 모르고 살던 사람들이
　오직 태극기 하나에 의지하여
　하나, 둘 아스팔트로 나오기 시작했네
　2년이 넘는 기간 동안
　매주 토요일이면 전국에서 모여들어
　자유대한민국을 기리는 살아있는 양심
　애국 동지들의 투쟁은 날로 커져 갈 것이네
　승리의 그 날까지.

2

　아프고 슬픈 것은
　탄핵에 부역한 배신자가
　62명이나 나왔다는 사실
　기레기, 판새, 종북좌빨
　당연히 척결해야 하지만
　우선순위는
　죄 없는 대통령에게 칼을 휘두른
　망나니들의 죗값을 묻고
　정치판에서 사망을 확인하는 일이네

　적과 내통하여
　스스로 사냥개가 되어
　올곧은 대통령을 물어뜯고
　여전히 탄핵 반대파와 동거하면서
　탄핵은 정당했다고 하네
　속으로는 내각제를 꿈꾸며
　5.18은 성역이라고
　몇 안 되는 할 말 하는 국회의원을 징계하면서
　반역에 대한 반성이나 사죄는 없이
　반문연대 하자고?
　보수통합 하자고?

# 심상운

## 가을에

온갖 의혹적인 것들마저
푸른 빛 덩이로 출렁이더니

한 겹씩 옷을 벗어
실체(實體)를 선명히 드러내고 있다

이제는 딱딱하고 굳은
뿌리만 남아
참말 자기(自己) 것만 남아

보이지 않는 것들이
보이는 것들을
지배하기 시작한다

강원도 춘천 출생.
1974년도 '시문학'으로 등단
시집 『강과 바람과 산』 『고향산천』 『당신 또는 파란 풀잎』 『녹색전율』 출간
시론집 『의미의 세계에서 하이퍼의 세계로』
시문학상, 정문문학상 등 수상
전 현대시인협회 이사장 역임

## 북한산 각황사의 옹달샘

햇빛 찬란한 봄날 정오
땀 흘리며 올라온 등산객들

그들은 수질검사 표지판이 설치되지 않은
북한산 각황사 옹달샘 물을
맛있게 마신다.

골짜기의 물들은 졸 졸 졸 졸
나뭇잎사귀와 줄기를 타고 흘러내려
초록의 새순이 돋아나는 봄 산의 흙속에 들어가서
아이들처럼 깔깔거리며 놀다가
바위틈으로 반짝이며 솟는다.

옹달샘에서는
수질검사 항목으로 측정할 수 없는
초록 잎사귀들의 맑은 웃음소리가 들린다.

봄 산의 소리가 찰찰 넘치고 있다.

# 심재옥

## 국화

정약용은 달밤이 아니어도
국화가 너울지는 묵화를
감상했다고 해요
촛불을 켜두고 국화를 놓아두면
벽 한쪽에 그윽한 자태의 일렁거림
벗과 함께 가을밤의 향취를 즐겼다하니
밤에 보는 국화는 얼마나 아름다웠겠어요

제 빛을 다하여 향기로운 건
차가울 때 더 빛나는 지조의 높은 향기
가을은 국화를 즐겼던 지조있는 선비의 계절
한이 많은 남자들이 살다간 이 땅에
서리보다 차가운 지조로 짙은 향기
남겼으니

마지막 꽃향기로 남아 있는 가을의 끝에서
옛 문인들의 지조의 향기를
하얀 서리 여인이 넋놓고 보다 가요
꽃들이 꽃에게 그 향기를 모두
주고 갔다 하니
짙은 가을 향기 그대로 두지 마셔요

강원도 춘천 출생
월간 시 제12회 '추천시인상' 당선(2017)
인천 능허대 러닝센터 교사

## 오이도

달빛으로 달물을 밀고 갔던 바다
햇빛으로 햇물을 몰고 오는 바다
창문을 넓게 밀어 낸 천장 높은 집으로
바다가 들어 온다

어부는
등대에 불을 꺼 놓은 채
계절을 바꾸고 있는 바닷물에서
첨벙첨벙 잠을 잔다

바다가 몸을 뒤척일때 마다
물고기는 허망한 바다를 버리고
귀머거리 갈매기가 파도 소리를
듣고 있는 바다

등대가 빨간 거짓말로 바다를 밝히면
착한 사람들 눈에만 보이던 바다는
거짓말을 헤적이며 햇빛 출렁이는
바닷물을 풀어 놓는다

꼭 바다에는 있을 것 같았던
영원히를 물고기에게 주고 나니
벌거숭이 바다가 착한 사람들 가슴까지
저벅저벅 들어온다

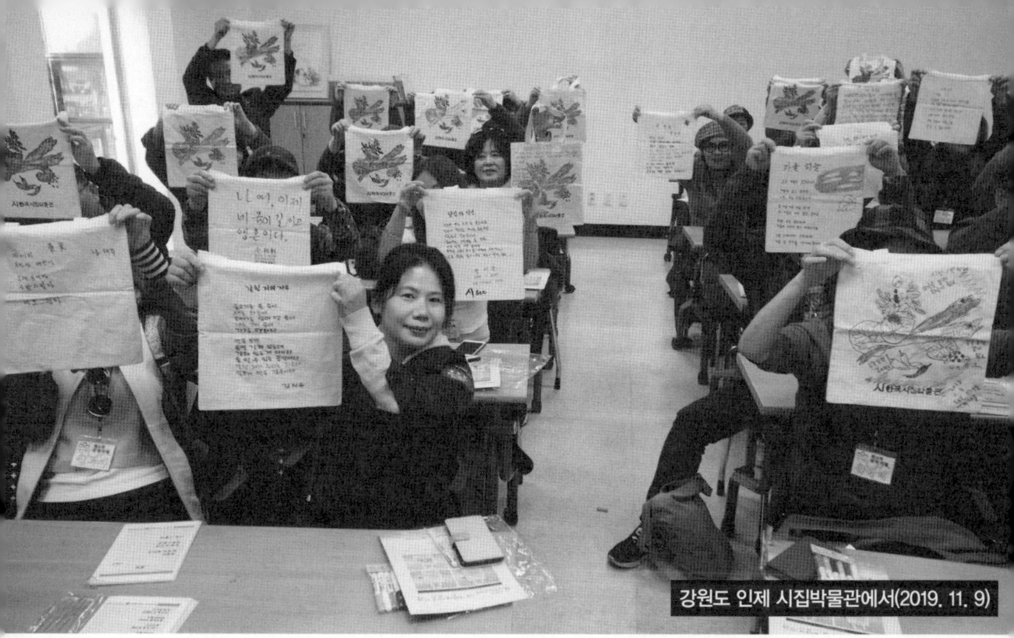

강원도 인제 시집박물관에서(2019. 11. 9)

위 · 유 · 육 · 이 · 임
안 · 양 · 여 · 염 · 오 · 옥 · 원

# 안수환

## 바람
― 목신木神에게

바람은 나뭇가지 위에서 산다

내 영혼의 끝 나뭇가지 위에서 산다

바람은 나무를 삭히고 자기 자신을 삭혀 버린다

나무는 그래서 보드랍게 흔들렸던 거다

나무를 보는 동안,

나는 내 자신으로 돌아왔다

내 자신으로 돌아온 뒤

나는 비로소 내 자신을 뛰어넘었다

바람이 사그라진 까닭,

내 눈썹을 찾지 말아라

'시문학' '문학과지성'으로 등단(1973)
시집 『신들의 옷』 『앵두』 『지상시편』 등
시론집 『시와 실재』 『우리시 천천히 읽기』 등
현재 충남평생교육원에서 '주역' 강의

## 호근북로길

복실이*는

내 손길이 닿자마자 눈을 감고 혀를 빼물며 방그레 웃고 있었다

바로 이 모양이 천지현황이시다

제주도 서귀포시 호근북로길에 와서

나는,

하늘 한복판이 그제야 만족해하시는 표정을 보았다

*호근북로길에서 만난 하얀 늙은 개

# 안재식

## 도깨비시장

별들도 잠들고
풀잎을 지나는 나귀의 방울 소리
나지막이 멀어지면
모나지 않은 도깨비들 하나둘
싱싱한 햇살 불러들여 장을 펼친다

금 나와라 뚝딱! 은 나와라 뚝딱!
없는 게 없는 이곳은
오가는 사람 모두 낯익은 얼굴 같아
90도 절하고 머리 굴리는 가식은 싫어
마음이 먼저 가고 흥정이 뒤따른다

부르튼 손으로 나물 담던 난전 할머니
착한 심성 궁굴리는 덤이 넉넉해
급하면 잠옷 바람도 괜찮아
오체투지 순례자가 빗소리 묻힌
빈대떡에 소주로 흰소릴 떠워도

사람 냄새 살아가는 소리
팔딱거리는 누드의 현장
동네 개들도 당당하다
오늘도 나는 달빛 물고 온
도깨비를 찾아, 집 나선다

1942년 서울 신설동 출생.
저서 『야누스의 두 얼굴』 등 20여 권
시가곡 『사랑꽃이여 우리는』 등 17곡

## 산국山菊 이야기

늦은 시월, 샛길에 버려진
앙증맞은 노랑꽃
순수한 사랑처럼 향기 새맑아
유리병에 꽂아 주었다

금방 살별로 지는 줄 알았는데
지금 한겨울, 아직도 살아 있는 향기…
샛노랗던 꽃잎은 퇴색되어 백발로 뒤덮이고
짙푸르던 잎새는 파삭하게 주름이 일었어도
메마른 줄기는 비좁은 유리병 안에서
하얀 뿌리, 실뿌리를 내렸구나

그런다고 겨울눈冬芽 돋을까

몇 모금 물속에서 허덕이는 목숨,
젖은 발로 새 가지 새잎을 마련하려
하루 하루를 퍼 올리는
저 미련한 생명력이 나를 흔든다

오호, 시인의 꽃이 매화나
수련만은 아님을 이제야 알겠다
그래 살면 살아지는 것
내일은 함께 떠나자, 봄을 찾아서…

# 안재찬

## 견고한 도전

벽!
사다리 없이 오르는 높다란 수직의 벽
모두가 손 놓고 고개를 가로저을 때
담쟁이는 인수봉 클라이밍처럼 벽에 달라붙어
촉수를 하늘 뻗치고 정복을 풀무질한다
생명 하나도 없는 사막 비장을 품고 가듯
한 발 한 발 나아간다
아무리 눈 씻어 그 진중일기 들여다봐도
뒷걸음질 구절은 안 보인다
하나의 덩굴 하나의 잎새가 선발로 나서면
언저리 덩굴과 잎새는 묵계나 한 듯이
호흡을 가다듬고 편대를 이룬다
어쩌다 작전수행 중 하나 생채기로 숨고르기 들면
뒤따른 하나가 아무에게도 들키지 않게
공백을 지우고
전열을 흐트리지 않는다
담쟁이는 남들이 손 놓고 코웃음칠 때
소리 없는 아우성으로 까마득한 수직을 올라
끝내 녹색천하 느낌표 찍고
견고한 벽을 손아귀에 넣는다

'크리스찬문학' '시인정신'으로 등단
시집 『침묵의 칼날』 『광야의 굶주린 사자처럼』 등 3권
한국기독시문학상, 현대시인작품상, 자유문학상 등 수상

## 굴포스*

누구나 가야 할 길이 있다

그 길은 큰길이 아니다
좁디 좁고
굽디 굽고
험디 험고
늘상 파도치는 시간의 길

때로는 한 순간
일상이 무너지는 벼랑 끝에서
목숨을 꺾을 수도 있을 것이다

격정의 세월!

얼마를 부서지고 피를 흘려야
저토록 하이얀 백치의 얼굴로
거듭나
거듭나서

우주를 고요로히 유랑하랴

*아이슬란드 중남부에 위치한 폭포.

# 안정윤

## 우리 완두

그 아이는 마음대로
혼자서 나갈 수가 없습니다
그래서 난 항상 문을 조금 열어둡니다

열려있는 문을 통해
얼굴을 내밀며
땅 한 번 하늘 한 번 쳐다보고
무엇인가 골똘히 생각하는 아이입니다.

그 아이가 보는 세상은 흰색입니다.
색칠을 하지 않았으니까요 순수하니까요

가족에게 행복을 주는 아이입니다
엉덩이를 흔들며 뒤뚱거리며
걸어가는 모습 까만 눈동자가
내 마음을 홀딱 뺏어가는 아이입니다

그 아이가 혼자 세상으로 나갈 날을 기다립니다.

서울 출생
명지대 경영학과 졸업
월간 시 제23회 '추천시인상' 당선(2019)
시낭송 1급 지도사
공간 성수 대표

## 그릇을 닦으며

오늘도 나는 주방에서 그릇을 닦
으며 나를 씻는다
주방에 가지런히 놓여 있는 그릇
들을 닦기 전에
손부터 깨끗이 씻자
이 손으로 닦아야 한다
이 마음을 씻어야 한다

내 몸에는 씻어도 씻어도
씻어지지 않는 허영의 거품이
닦아도 닦아도 닦아지지 않는
욕망의 기름때가 남아 있다

고마워
나는 냄비를 사랑한다
나는 밥그릇을 사랑한다
나는 숟가락과 젓가락을 사랑한다
접시를 닦으며 접시에게
냄비를 씻으며 냄비에게
사랑한다고 말한다
맛있는 음식을 담아 주니까

미안해

어제는 내가 힘들어서
너희들을 닦아 주지 못하고
너희들을 씻어 주지 못하고
그만 게으른 삶속에 잠들고 말았다
그릇들이 꿈속에서 말하더군 아
무리 힘들어도
나를 만져 주고 내 몸 구석구석 냄
새나는
쩌든 때를 깨끗이 닦아 주고 자야지

오늘 나는 아침에 일어나자마자
반짝반짝 윤이 나게 그릇을 닦는다
내 마음의 기름때 거품까지 깨끗이
새 그릇처럼 가지런히 제 자리에
놓는다

오늘도 나는 주방에서 그릇을 닦
으며 나를 씻는다

# 안혜초

## 나무는 일 년 내내 시를 쓴다

나무는 일 년 내내
시를 쓴다
잎으로
　꽃으로
　　열매로

봄에도 여름에도 가을에도
시를 쓰지만
겨울에도 뿌리로 쉬임 없이
시를 쓴다
　생명의 시
　　사랑의 시
　　　소망의 시

이화여대 영문학과 졸업
'현대문학' 추천완료(1967)
시집 『귤 레먼 탱자』 『달 속의 뼈』 『시 쓰는 일』 등 다수
산문집 『사랑아 네 어찌 그리 아름다운지』
윤동주문학상, 영랑문학상, 한국문학예술상 등 수상

## 바로 이 순간

그렇지요 그럼
이 세상에서 가장
귀한 건
누구에게나
하나밖에 없는
목숨이지요

아프거나
아프지 않거나

기쁘거나
기쁘지 않거나

그래도 진정
그분께
감사드려야 하는
살아 있음으로
눈부신
바로 이 순간

## 양재영

### 단풍 구경

커튼을 비집고 들어와
눈동자를 노크하는
새초롬한 햇빛에 깬 아침

때이른 가을 단풍 구경에
신이 나서 급히 흡입한
인스턴트 국수 한 젓가락

면발의 길이는
추억과 기대의 잣대가
될 수 있을까

후루룩
추억과 기대를 흡입한다.
후루룩 흡
앗~ 콧등 치기

경남 밀양 출생
연세대 경영학과 졸업
월간 시 제21회 '추천시인상' 당선(2019)
현재 삼성전자로지텍 임원

## 아픔의 흔적

아픔이 찾아왔다.

밀물처럼 왔으니
썰물처럼 가겠지만,
밀물의 흔적은
곳곳에 남으리라.

신발을 고쳐 신고
모자와 선글라스를 쓰고
집을 나왔다.

개울가를 걷다 보니
어느덧 그나마 행복했던
예전 살던 집에 도착했다.

행복한 추억에
아픔이 썰물처럼 빠진 뒤
무기력과 서글픔이 남았다.

# 여서완

## 멘탈 박스

왠지 네모일 것 같다
생각상자에 갇혀 사는 사람들이
아이를 생각의자에 앉히곤 했다
내 네모 모서리 깨던 아이도
한때 생각의자에 앉았다
생각 상자 속에 살던 네모가 사라져갔다
생각은 동그라미
가끔은 까칠한 세모다
촘촘한 거물에도 걸리지 않는 생각들
네모가 사라진 나는
공처럼 통통 튄다
의식의 틀이 꿈틀거린다
뭉글뭉글 세상의 네모가 사라져간다

시인, 소설가, 여행작가, 사진작가
시집 『영혼의 속살』『하늘 두레박』『사랑이 되라』 등 출간

## 밤비

어둠 뚫는 정소리 들린다
세로로 파낸 어둠의 공간에
선이 생긴다

언뜻 멀리 번갯불이라도 치면
어둠의 공간에
긴 줄이 이어져 있다

눈 감고 정소리 듣는다
수만 개의 정이 일제히 뚫는 소리다
나는 어둠보다 멀리 잠 속으로 달아났다

# 여인어

## 냉동실에 깊은 밤이 드리워지고

검은 봉지 위에 검은 봉지 검은 봉지
차가운 냉기 품은 깊은 밤이 드리워지고

냉동실 상단 주홍 등이 멀찍이 은은한 것이
이제 곧 해뜨기 전 시간을 알리는 듯해

검은 봉지 옆에 검은 봉지 검은 봉지 투명봉지

드문드문 보이는 부표 같은 스티로폼
흰 봉지와 주황 봉지

새벽 해수면 비닐에 덮인 저 찬란한 조명

그래 먼 바다에 일출 시간이 다가왔음을 느끼며

갈증이 일으킨 이른 새벽에 잠옷 바람으로
좀 더 무릎을 굽혀 내려앉으며 심해로 들어가

자연스레 기운 8자는 무한대를 그리는 것이라며
어차피 한번 뒹굴어도 같은 모양 그 무한함을 알기에

손가락으로 비닐 물결에 노를 저었어.

여민 해초 같은 비닐 고리를 느슨히 풀어 보았지.

서울 출생
월간 시 제6회 '청년시인상' 당선(2019)

저마다 조각난 밤바다 속에 숨은

좁은 바다에 갇힌 새우들 등 좀 펴라고
동면중인 오징어와 조기들 숨 좀 쉬라고

비닐 물결 사이에 건져 올린 영면한 생선은
스티로폼 관에 눕혀져 랩으로 수의를 입었다.

에코백을 들고 심기지도 아니한 사름에 취하여
거들먹거리며 네 값을 치른 장본 날들을

그저 100원에 인색한
자린고비 행색으로 만든 새벽의 노櫓질

조각난 밤바다에 짓눌린 태양이
머리가 무거워 하늘 길 출항에 겁을 먹을까 싶어서

냉동실에 깊은 밤이 드리워지는 날.

손가락으로 노 젓는 사공이 꿈꾸는
숨통 트일 출항과 숨 쉬는 바다.

# 염정금

## 풀린다는 것은 소통이다

장식함 속 목걸이들이
서로를 건 채 얽혀 있다
정리되지 않는 자유로움이
서로의 자릴 침범해
저리 꼬여 버린 것
처음으로 되짚어 끝을 푸는데
꼬이고 꼬인 감정들이
서로를 문 채 한 치의 양보도 없다
어린 아이 다루 듯
얽혀진 사연들을 더듬어
꼬인 곳을 되짚어 돌아보니
한 길이 보이고
두 번째 길이 보인다 싶을 때
얕게 엮인 오해가 풀리고
자유로운 장미 목걸이 활짝 웃는다

월간 시 제3회 '추천시인상' 당선(2015)
공저시집 『맛있는 시집』 『부끄러움』 등 출간
'순천시사21' 사회문화부 기자

## 가을 연못

툭
.
.
.

연못을 가득 매운 부평초 위로
붉은 벚나무 한 잎
소인국나라의
걸리버로 눕는다

한 치의 여백도 없이
빽빽이 떠 있는 부평초 위로
기적처럼 내려앉은 이파리

소인과 거인
붉음과 푸름
다수와 유일

늦가을 연못은
침입자와 지키는 자의
팽팽한 접전중이다
이 시간
서로 맞서는 것
이들 뿐일까

남과 북
시리아 이란
여, 야의 공박
푸른 반구의 접전 소식들
긴박한 줄다리기다

# 오낙률

## 그리움 12

창가에
파도처럼 부서지는
저 솔바람 소리
끝없이 밀려와 울며 안기던
영일대백사장
그 파도소리

지독한 고요가
나직이 우는 소리
동공에 그리움 어리는 소리

앞마당 산수유나무의
마른 열매를 따먹다가
무언 생각에 목이 메어
대밭으로 날아가며
귓전에 머문
낮에 울던 찌르레기 울음소리

그 모든 소리들이

허연 달빛의 모가지로
꿀꺽 넘어가는
그리움 삼키는 소리

지금쯤
한 여자의 눈에
서러운 밤이 잠들고…

아!
달빛을 못 이겨 칭얼대는
쉰아홉 초최한 사랑이여
어디 있는가?
이리로 오라.

칭칭 눈감고 잠을 청하는
그대는 그리운 가슴을 안고
수줍으며
수줍어하며
너무 고와 슬픈 그대
내게로 오라.

문단에서는 '오낙율'이라는 이름으로 활동
1961년 포항 출생
방송통신대 국문과, 동 대학원 문예창작콘텐츠학과 졸업(석사)
'문예한국' 등단(2005)
시집 『따이한에게 쓰는 편지』 『바람꽃』 『봄은 안 오고 꽃만 피었네』 등

# 포도주 잔의 독백

덜컹거리는 시골버스의 바퀴에 닳은
밤톨만한 자갈과 누런 흙탕물
그리고 백색 허공을 꿈꾸며
혁명처럼 일어나던 뿌연 흙먼지 길
그 길 위를 자박자박 걸어서
이만큼 죽어온 시간의 블랙홀
한 여인의 붉은 입술 자국을 위해
투명의 빛으로 지켜온 건 진짜 아니다.

폐교의 위기에 몰린 시골초등학교
빈 운동장을 지키다가
또 닥친 가을을 숙명으로 받아들이는 플라타너스의
처진 가지와 땅 사이에 조성된 작은 허공
그 하늘을 유영하는 낙엽의 희열처럼
체념의 찰나를 위하여 긴 세월
펄럭이며 살아온 것도 아니다.

잔치가 끝난 식탁 위에
종이로 만든 안개꽃의 부축을 받으며
장미 한 송이가 차가운 유리컵의
빈 공간을 지키고 있다.
포기하지 못한 촛불의 희망은
객 떠난 식탁 위에 아이처럼 천진하고
엎질러진 포도주를 닦느라 핑크빛이 된 티슈 몇 장이
먹빛으로 변하고 있다.

잔치는 끝난 것이냐?
붉은 입술의 예쁜 여인이
길고 흰 손가락으로 나를 짚어
정열의 입맞춤을 하던
잔치는 진정 끝난 것이냐?

식은 유리잔 속에
누군가 꽂아둔 장미 한 송이가 아직 붉은데
천년의 세월도 더듬을 정한 눈빛의 여인이
하나 둘 잔치 상을 물리는구나.

아! 뜨거운 입술을 기억하는
포도주잔의 눈물이
피처럼 붉다.

# 오정희

## 내 안의 시

미안해요
무작정 좋아해서
아무도 모르게 그리워해서
금쪽같은 시간 쉼 없이 매달려서
미안해요
가끔 멍하게 투정부려서
내 마음대로 상상하고 방황해서
허락 없이 착각해서
미안해요
비우지 못하고 붙잡아서
나의 언어를 원망해서
일방적으로 죽도록 사랑해서
무기한 곁에 있으라 원해서

경기도 안산시 거주
월간 시 제16회 '추천시인상' 당선(2018)

## 숨 고르기

계절의 횡포에 목구멍이 흐느끼고
한 모금의 에스프레소는 전율하고
긴 울림은 노래와 눈물이 뒤엉키고
마른 잎사귀는 춤을 추듯 낙하하고
기를 써 애를 태우니 부끄러워라

바쁘고 바빠서 바쁘다 보니
핑계이고 핑계라서 핑계다 보니
집착이고 불안이라서 탐욕이 쌓이다 보니
마음은 구겨지고 꿈은 낮아지더라

# 옥세현

## 사모곡

당신 떠나시던 날
이른 새벽보다 먼저 따라나선 풍경소리에
세상 모든 말들이 지워집니다
말을 잃은 텅 빈 머릿속으로
바람이 불고
눈가에 아슬아슬 달려있던 이슬들이
스르르 떨어져 내리네요
미안합니다
이미 늦었지만

당신 떠나시고
낡은 옷장 속에서
당신이 이 세상에서 누려온
가난과 아픔과 외로움을 꺼내어
뒤척이는 이 밤에 태우고 있습니다
미안합니다
이미 늦었지만

먹먹해진 시간 속으로
강물이 흐르고
이제 흐릿하게 아침이 오면
당신 없는 세상에서
한 방울 눈물이 될 그리움도
못내 흘려보내겠습니다
사랑합니다
이미 늦었지만

서울 출생
중앙대 심리학과 졸업
월간 시 제25회 '추천시인상' 당선(2019)

## 광화문 연가

　당신을 기다리다
하루가 지나가고
당신을 기다리다
또 하루가 지나갑니다
광화문에 멈춰버린 시간 속에서
당신 혼자 어두워지지 않기를 기
도합니다
바람이 거세지고 거리의 불빛들
이 모두 꺼져도
기다림마저 먼저 떠나지 않기를
기도합니다
거리의 어둠이 더욱 단단해진 오
늘은
　당신을 기다리다
어둠을 숫돌 삼아 칼을 갈아서
내 안의 추운 생각들을 단 칼에 베
어 버렸습니다
가슴 속으로 강물이 흐릅니다
봄이 아니어서 다행입니다
당신의 겨울을 뒤로하고
나 홀로 맞이하는 봄이 아니어서
참 다행입니다

　오늘도
당신을 기다리며
당신의 시간이 멈춰버린 광화문
에서
종로 지나 대학로까지
걷고 또 걸으며
촛불을 밝히고
간절히 기도합니다
당신을 기다리며
이 세상에서 할 수 있는 일이
고작 걷는 것 밖에 없어서
미안하고 미안하지만
그렇게 걷고 또 걸어서
대학로 서울대병원 옥상에
희망 하나 걸어둡니다

# 용하

## 송이

보아야 이쁜 꽃은
살아생전 피어나고

향 짙은 꽃은
영원처럼 피어난다

두 눈 감아도 피는 꽃
너라는 오직 한 송이

'SNS시인상' 최우수상(2018)
월간 시 제6회 '청년시인상' 등단(2019)
공저시집 『남이 되어가는 우리』 출간

## 첫사랑

오늘은
내 남은 생의
첫날의 시작이다

너는 나의
하루의 처음이며

내일도 너는
오롯이 처음이다

때마침 내 첫날에
유일한 너를
사랑한다

# 원임덕

## 가을무우

햇볕이 따가운 날에 단풍도 고운 날
채마밭 심어놓은 김장 무우 밭
짙은 초록으로 살찐 잎들이
햇볕에 졸음에 겨운 듯
늘어진 잎들을 찬찬이 바라 본다
신기해라
기특해라
미안해라
자고나면 그 새 컸고
자고나서 보면 그 새 잎이 나더니
며칠 산을 비운 사이에
실뿌리가 오동통 땅 위에 튼실히 자라
무시!
무시로 어엿하다
안 보는 사이에 몰래 커서
무시라 했나
경상도 말로 무우를 무시라 카는데
무시로 무시로
팔뚝만한 무시가 되믄
내사 마 무시로 김장 담구어
무심하게 겨울을 나겠네

경기도 여주 출생
'한국문학' 신인상으로 등단(2001)
월인문학상 수상
연엽산 산지기

## 새벽이 온다

어디선가 닭이 운다
어김없이 눈을 뜨는 새벽 세 시
자리를 옮겨  늦은 잠을 청하여도
나를 깨우시는 크신 님

꼭두새벽에 한참을 앉았다가
방 귀퉁이에 앉아 있는
감자 칩 봉지를 집어 든다
빵빵하다
열어보니
공기 반
과자 반

빵빵한 감자 칩 포장지를 뜯으면
곱고 가지런한 과자들이 있어
맞아
공기는 거품이 아니었어

십 수 년 산중 살이
무릎도 발목도 고생 많았지
세상에 모든 물건들
먼저 망가지는 건
많이 썼거나 불량품이었거나

새벽은 참 조용하다
그리고 순진하다
어질고 착하다
그리고 무엇보다 아름답다

세상에 나가
내 무엇을 얻을게 있으리
모질게 건너 온 검은 강물
세상과 나 사이엔 강이 하나 있어
가끔씩 다리를 건너 놀러 가네

어둠이 있어 밝음을 알고
소음이 있어 고요를 알고
더러움이 있어 깨끗함을 알고
지옥이 있어 극락이 있네
산에서는 흐린 날도 너른 하늘
하늘 반
나무 반

공기는 거품이 아니었어

# 위상진

## 시계 수선공은 시간을 보지 않는다

그는 시간의 습성을 찾는 중이다
어둠의 부속을 핀셋으로 집어낸다.
바늘만 보여질 뿐
대못에 꽂혀있는 전표 같은 시간

멈춰버린 시계 위
찌푸린 불빛을 내려다보고 있는 부엉이 한 마리

불빛 아래 해체되고 있는 상속된
시간의 유전자
식은 지 오래된 바람은 왜 한 곳으로만 숨어드는지
이상한 꿈은 물속에서 왜 젖지 않는지
가장 환한 곳에 숨겨진, 너를 데려간
시간을 열어 본다.

제비꽃이 지는 동안
순서를 무시한 채 휘갈긴 신의 낙서,
인사도 없이 뛰어내린 별과의 약속
을, 모래 위에 옮겨 적고 있었지.

'시문학' 등단(1993년)
푸른시학상(2007), 시문학상 수상(2016)
시집 『햇살로 실뜨기』 『그믐달 마돈나』 등 출간

차가운 불꽃이 부딪치는 별
듀얼 타임의 톱니가 자전을 시작한다.
푸드덕, 그의 심장 뛰는 소리
그는 시계가 없다.

어둠의 재가 숫자판 위로 떨어질 때
부엉이 날개 바스락거리는 소리,
눈꺼풀 닫히는 소리

어제 밀린 시간은 지금부터 흐르기 시작하고
너의 시차를 들여다본다.
수척한 바람 냄새 오고 있었던가.

# 유자효

## 모국어

넋은 자유로우나

언어는 감옥

우주를 담는 소리를

오직 모국어로 써야만 하는

무한이 주는 속박

오! 숙명

신아일보(시), 불교신문(시조) 당선으로 작품 활동 시작
시 소개집 『잠들지 못한 밤에 시를 읽었습니다』 한국대표서정시100인선
『세한도』 번역서 『이사도라 나의 예술 나의 사랑』 등 다수 출간
공초문학상 수상.

## 공수교체 攻守交替

노인들이 머리띠를 두르고
주먹을 불끈 쥐고
운동가를 부르고
구호를 외친다

젊은이들은
청와대에서 국회에서 시청에서
TV를 통해 시위를 보며
혀를 찬다

세상이 바뀌었다
과거의 데모꾼들이 이제는 주역
그들이 막상 정치를 하니
과거 이 사회의 중심에 있던 이들이
지팡이를 짚고 나와
땅바닥에 주저앉아 데모를 한다
과거에는 젊은이들이 들었던 촛불을
이제는 늙은이들이 들고 있다
과거에는 젊은이들이 부르던 운동가를, 외치던 구호를
이제는 늙은이들이 부르고 외치고 있다

# 유정남

## 소금꽃

뭍으로 건너온 바다는 폭염 속에 몸을 맡기고 화두를 건진다 갯벌의 수로를 지나올 때는 젊은 날의 부유물들이 등짐처럼 따라왔다 방향도 모른 채 심해를 유영하다 찢어진 지느러미들, 바람을 다그치던 파도의 높이를 잠재우느라 밤이면 신열을 앓기도 했다 바다의 가장 깊은 곳을 들여다보느라 뼈를 드러낸 어깨의 늙은 염부가 구릿빛 땀방울을 떨군다 수평으로만 이어지는 염전에는 한 뼘의 그늘도 햇볕에 녹고, 쓰라린 언어의 자모들도 갯바람에 묻어 하나씩 증발되어 간다 별꽃 뜨고 지는 몇 생을 지나 수면의 흔들림이 모두 사라지면 끝없이 나를 비워내 온 시간의 결정들, 하얗게 풍화된 뼈로 눈물꽃이 되리라 거울 속에 눈부시게 정제된 별들을 쓸어 모은다

한국NGO신문 신춘문예 당선(2018)
'시문학'으로 등단(2019)

## 발에 대한 독백

여자들의 발에는
시린 기억들이 내려와 고인다

스며드는 상처들을
퍼런 멍으로 받아들일 뿐
뱉어 내지 못해
발은 점점 차가워졌다

죽은 태아가
자궁 속에 새겨 둔 흉터는 지워지지 않고
쓰린 기억들은 혈관 속을 돌고 돌다가
이 은밀한 육체의 변방으로 흘러들었다

내 어머니와 그 어머니의 차가웠던 발도
지우지 못한 상처를 안고 살았다는 말인데

내 발은 서걱거리는 얼음들의 안식처
냉기와 바람을 품고 겨울 속을 드나든다

고온과 저온 사이를 방황하던 젊은 날에 피멍들이
희끗희끗한 눈발로 밀려와
강줄기에 실린 채
차디 찬 하류로 흘러가는 밤

발톱 위에 꽃잎 한 장을 그려본다

# 유준화

## 국숫집에서

비 오는 날 국숫집에 앉아 있다
빗줄기는 국숫집 마당을 통통 튀어
땅 바닥이 부글부글 끓어올라 황토물이다
장대같이 퍼붓는 빗줄기를 보며
아낙은 부글부글 끓어오르는 가마솥에
장대 같은 국수발을 푸짐하게 내리 꽂는다
열기가 확 머리채로 달려들어
아낙이 삶은 국수를 찬물에 헹굴 즈음
비릿한 멸치국물 냄새가 가득 퍼진다
부글부글 끓고 있는 지구 한쪽에서
비린내를 맡으며 국수를 먹는다
장대 같은 빗줄기를 보며
비릿한 국물을 후룩후룩 마시고 있다
끓어오르는 화기를 식혀 주려는 듯
빗줄기가 유리창을 세차게 흔들고 있다

충남 공주 출생
'불교문예'로 시 등단
시집 『초저녁 빗소리 울안에 서성대는 밤』 등 출간

## 집밥

집 나온 지 열흘만 지나 봐!
내 집 안방에 등허리 대야 편하고
아무리 맛있어도 집밥 만 한 거 없어
명절날 고향 가고 싶은 건
엄마가 끓여주던 된장찌개 생각나서야
동무들과 함께 먹던 집밥이 그리워서야
살아가며 상처가 심해 견디기 어렵거나
혼자 먹는 밥이 눈치 보일 때
아내가 차려 주는 집밥
엄마 가슴같이 따뜻한 집밥 한 그릇
나도 너에게
집밥 같은 사람이 되고 싶다

# 유회숙

## 하늘공원 나무의자

하늘공원 오르다 보면
더러 옹이가 만져지는 나무의자
할 말이 있는 듯
햇살 아래 앉아 있고
길은 저만치 봄 마중 간다
산수유 꽃불 댕기고
생강나무 토닥토닥 봄을 두드리고
봄은 소리로부터 온다
버드나무 긴 머릿결 주렴을 드리운다
하늘공원 나무의자
쉬어가라고
따사로운 자리 내어주는
어릴 적 외할머니 손등 가만가만 만져 본다

충북 충주 출생
'자유문학'으로 등단(1999)
시집 『흔들리는 오후』 『꽃의 지문을 쓴다』 등
서간문집 『편지선생님』
현재 손 편지 강사, 인지개발교육지도사

## 넝쿨장미

10분 째 우두커니 빨강 신호등 파랑 신호등 켜지고 빨간 우체통이 보인다 꽃잎 지는 소리에 뺨 붉게 물든 여자아이 몇몇 하얗게 웃으며 지나간다 초여름 창밖을 보다 수북하게 쌓인 추억을 접어 편지함에 넣으면 와와 용수철처럼 튕겨 오르는 첫사랑 그 먼 날들이 유월 담벼락에 꽃불을 지른다

마당에서 아버지가 성냥불을 긋고,

# 육정균

## 대변항으로 오라!

세상 어느 강산에서
이렇게 아침햇살 아름답고
향기로운 아기똥 냄새를 맡으랴!

이 경이로운 바닷물에
짭쪼름한 맛으로 절묘하게
잘 절여진 똥맛과 분향을 맛보려거든

지구인들이여
여기 외계인들이 몰래
몰려와서 춤추며 즐기는
대변항으로 어서 오라!

충남 당진 출생
작가넷 공모 시 당선(2000), 현대시문학 신인상(2002)
시집 『아름다운 귀향』 출간
랭보문학상 등 수상
국토교통부 39년 근무, 부동산학 박사

## 반석 盤石

반석은 언제나 사람들의 짓밟힘 속에서도 묵묵히 누워 있다.

그리고 또다시 짓밟히고, 짓밟혀도 언제나 사람들에게 더 짓밟히려고 제 자리에 몸을 사리지 않고 불평 없이 그것도 아주 평정심을 잃지 않고 편안하게 누워 있다.

때론 지나가는 뱀의 긴 배비늘의 행렬이 안전하게 지나가도록, 어느 땐 잠깐 벌레를 잡아먹는 까치의 깡총 걸음까지도 소리 없이 생명으로 이어지도록 묵묵히 누워서 자기 책무를 다 한다

세상 어느 구석마다 이처럼 보이지 않는 곳에서 묵묵히 자기 소임을 다함으로써 하느님의 평화가 세상 곳곳마다 쉼 없이 번지도록 오늘도 낮은 곳에서 사랑을 실천하는 그대들.

민초라는 반석들이 있다.

# 이관일

어제는

술 한 잔 마시러 시간 속으로 들어가서
박목월의 술 익는 마을에서
김춘수의 꽃밭을 보며
조병화의 의자에 앉아
오상순과 담배를 피우면서
김관식과 막걸리를 한 잔 하다가
시간 바깥으로 나가려는데
막 소풍 끝내고 천상병이 들어온다

천상병과 한 잔 더 했다

경북 봉화 출생
'문학예술' 신인상 당선(2003)
『공감과 치유』 등 공저시집 다수

## 고백

너를 보면서 나를 알았기에 절대로 너를 버리지 못한다. 꽃은 피고 지는 날을 스스로 모르듯이 사랑 또한 그럴 것이다 내 생애 한 번쯤 경험한 임자 잃은 그림자 같은 사랑앓이 때문에 지금, 세상 보기 너무 무서워 시래기두름처럼 흙벽에 흔들린다 차라리 제빛 다하고 향기 다 뿜고 소리 없이 지는 꽃이라면 아무 것도 아쉽지 않으련만 너와 마주하기가 참 서글프다 지금 우리 죽어도 그리 억울하지도 서럽지도 않을 세월이다 하지만 우리 이대로 헤어지면 언제 다시 한 번 볼 수 있을까? 그래, 우리 서로 사랑하자. 사랑하자 내가 너를, 네가 나를

# 이근배

## 나, 갈라파고스*

내가 살아온 날
날들
내가 눈뜨지 못했던 것
것들
뭍에서 멀리 떨어진
너무 깊이 숨어있는 섬,
섬 아닌 섬

나, 갈라파고스?

충남 당진시 송산면 삼월리 209번지*
내포內浦 바닷가 두메산골
한 마리 눈 먼 이구아나처럼
갇혀서 사는
진화는커녕 부화孵化도 못하는
헛된 꿈의 껍질 뒤집어쓰고
이 나이토록 헤매고 있는

나, 갈라파고스!

*갈라파고스 섬-고립의 뜻으로 쓰임
*여든 해 묶여 있는 나의 본적지

충남 당진 출생
1961~64 5개 일간신문 신춘문예 당선
시집 『노래여 노래여』 『추사를 훔치다』 등 다수
가람문학상, 월하문학상, 정지용문학상, 심훈문학상 등 다수 수상
현재 대한민국예술원 회장

## 내가 도깨비가 되어

광복 다음 해 나는
송산국민학교에 들어갔었다
삼일절 조회 시간이면
고을에서는 이름난 유학자인
우리 할아버지가 검은 두루마기를 입고 오시어
운동장 단에 올라
기미독립만세 때 얘기를 들려주셨다
다른 말씀은 생각나지 않는데
-한강에서 도깨비가 만세를 부르고……
하시며 두 팔을 번쩍!
들어 올리시던 모습이 눈에 선하다
도깨비라는 말은 숱하게 들었어도
나는 한 번도 본 적이 없는데
우리 이천만 동포들
얼마나 독립에 목숨을 걸었으면
도깨비까지 만세를 불렀을까?
그 말씀이 믿기지 않았던지
우리 반 동무들은 속으로 킥킥거렸고
-도깨비가 만세를 부르고……
할아버지 목소리를 흉내 내며
나를 놀려대기도 했었다
내가 태어나기 겨우 스무 해 전 일인데
나는 저 이순신 장군이
거북선으로 왜적을 물리치던 임란王亂 때만큼이나
아주 먼 이야기로 들렸었다
그해가 올해로 백년을 맞았다
독립운동가 아버지가
내 호적을 3월 1일로 올렸으니
삼일절 내 생일날 아침 일찍
한강에 나가서 내가 도깨비가 되어
독립만세!를 불렀다
할아버지 아버지께도 가 닿도록
목구멍에서 피가 나도록.

# 이근봉

## 왕산 해수욕장에서

바다 끝자락 하늘과
맞닿은 곳 수평선이다

바다를 끌어안고 떠나는
붉은 저녁노을
지구를 불사르고 있다

불타는 태양 자취 감추니
노을빛 어스름에 묻힌다

삼라만상 어둠이 삼킨 후
우주 밝히는 수많은 별들
헤아리다

별똥 하나 사선을 그으며
내 앞을 스쳐간다
어두움 밀치고 찾아드는
한 줄기 빛

월간 시 제13회 '추천시인상' 당선(2017)
현재 인천교통공사 재직 중

## 습지공원

갈대 숲 일렁이는
안산 상록 습지공원

청명한 가을 하늘 아래
탐방로 한발 두발
갈대 줄기 끝에서 피어난
이삭꽃 바람에 부비며
바스락 소리 춤을 추고

붉은 노을 짙게 드리운
갈대사이 소슬바람 타고
깊어만 가는 가을

시화호 흘러드는 지천을
끌어안으며
철새들의 날갯짓과 곤충들의
노랫소리
생명력 넘치는 이 곳

서로를 껴안고 공생하며
빚어내는 풍광

우주의 맥박소리
겨울 초입 다가선다

# 이나경

## 사랑 28

열정의 유통기간은
너무도 짧은 거라서
강물 같은 마음이 되기로 했어

바다에 이를 때까지 잔잔히 흐르다가
그곳에 다다르면 완전체가 되는 거야

그곳은 남자도 여자도 없데
모든 것들이 없어지고 사랑만 남는데
두려움 없고 비난도 없고 따돌림도 없데
그곳에 가면 영원히 함께 할 수 있다네

그곳으로 흐르기 위해
오늘은 그냥 강물로 사는 거야

전북 익산 출생
대학에서 신학과 사회복지 전공
'한국문인' 시 부문 등단(2000)
시집 『이나경의 모녀일기』 『미리내집 천사들』 등 출간

## 사랑 31

아직도 찾아주는 이가 있다는 것은
아직은 사랑받고 있다는 것이 아닐까

일터에서 본 사람들,
제도화된 입발린 말로 어르신들,
침상을 차지한 그 어르신들을
사랑하는 이는 없었던 거 같아
그럼 사랑의 조건이 나이인 것일까

환갑을 지나고 있는 이 길에서
얼만큼 더 가면 사랑을 잃게 되는 것일까

만성적 불확실성 시대에
만성적 불안 속에 사는 사람들
그들을 구할 수 있는 건 너, 사랑뿐

너, 사랑아
때론 사람이 되어
때론 시가 되어
때론 음악이 되어
때론 여행이 되어
때론 술 한잔 나누는 여유가 되어

우리 곁으로 다가와 주렴

# 이복연

## 모든 것은 지나간다

일출의 장엄함이
아침 내내 계속되진 않으며
일몰의 아름다움이
한밤중까지 이어지지 않고
태풍 링링의 위력도 지속되진 않았다

아픔도 기다림도 그리움도
모든 것은 시간이 흐르면
바람 따라 흘러가는 것이니
살아가는 동안 일어나는
모든 일들을 받아들여라

하늘 땅 산 물 이러한
자연은 언제나 존재하니까
하느님은 영원하시니까
꿈을 꾸어라 희망을 가져라
모든 것은 지나간다

천안 출생
'국보문학'으로 시 등단(2010)
시집 『황홀한 외박』 출간

## 가을 호암산에서

솔향기 그윽한 가을 호암산에 들어
물들어가는 나뭇잎과 새소리 벗 삼아
도란도란 하루를 보냈다

파란 하늘의 뭉게구름
볼을 간질이는 솔바람
따사로운 햇살에 상큼한 기분

소나무 숲길 벗어나며 까르르
자작나무 오솔길 접어들자 호호호
맑은 웃음소리가 새소리보다 더 높다

반려견 쥬디와 함께 왔다는 그분도
미소만 지어도 평화로워 보이는 건
가을 산이 주는 넉넉한 기운일 게다

갈잎 속에서 송이라도 찾는 양
연신 꼬리를 흔들며 쿵쿵대는
강아지 코끝에도 햇살이 반짝반짝

가을 산이 주는 선물은 언제나
세상 살아가는 커다란 힘
이 얼마나 고마운 일인가

삶이란 잠시 머물다 가는 짧은 꿈
살아간다는 것은 눈부시게
아름다운 하루하루가 아니겠는가

# 이상록

## 무제無題

농도 가끔 건네지만
여리여리한 여자 후배가
마주앉아 밥 먹다가
밤꽃 냄새 참 좋아요 한다.

아, 그 냄새
그 냄새 꼭
그 냄새 같더라 말은 못하고
언제였나
그 냄새 맡아 본 지가…
밥알만 오물거렸다.

경남 밀양 출생
경북대학교 국문학과 졸업
월간 시 제15회 '추천시인상' 당선(2017)

## 엄마

어디서 무얼 넣어 보냈을까
박스 색깔만큼 정갈한 마음이리
가장 크고 깨끗한 걸 골라
흡족한 기분으로 들고 왔다
클수록 힘은 더 들어도
커야지 더 담을 수 있다는
엄마여
그 마음 이뻐라

객지로 나간 자식 생각에
밥상 마주할 때마다
챙길 목록 되뇌더니
보내고 돌아서면 아뿔싸
냉장고에 한두 가지 또 남긴다

언제까지 이래야 하것노
푸념도 걱정도
눈 감는 날까지것지
박스나 그 마음이나
쉬 상하것어

# 이상현

## 그런 사람 그런 사이

있는 그대로 그냥 덤덤하게 보고
아무 말 안 해도 어색하지 않은 사이

사노라고 안 해본 짓 없으니
어려워 말고 마음 가는 대로 해도 좋다며 웃는 사이

눈과 눈썹 사이 계곡이 깊어
보기만 해도 기분 좋아지는 사이

남해 청산도 보리밭 돌담길
청량한 바람처럼 적당한 거리로
서로 얽매이지 않아
편하고 홀가분한 사이

그런 사이가 그립다

그런 사람이 되고 싶다

서울 묵동야학 설립, 지도 활동
함석헌 선생님께 '씨알사랑' 배움
2007년 등단, 2018 서대문 문학상 수상
시집 『미소 짓는 씨울』 『밤하늘에 꽃이 핀다』 출간

### 무심히 바라보면

세월이 흐르는 시간을 무심히 바라보면
그 속의 내가 측은하여 눈물이 서립니다

태어난 죄로 살아야, 살아가야 하는
낙엽 같아 뭉클합니다

걷는 것도 달리는 것도
결국은 살아있는 한낱 동물이란 걸로 수렴되니
그저 딱하기도 할 밖에요

달력이 다 뜯기고 나면
또 남의 인생 바라보듯
새해 파이팅을 외칠 테지요

그저 그렇고 그런
삶과 작품에 몰두하고 웃고 서글퍼하고
하루를 밀어내고 또 아침을
어쩔 수 없이 맞이하겠지요

원치도 않은 정해지지도 않은
희로애락을 자신의 운명이라
되뇌면서 말입니다

흙이 되고
물에 떠내려가고
바람에 날려가버릴
육신을 보석 상자처럼
그렇게 말입니다

# 이송령

## 여기서

여기서 그만 할까요
여기서 다시 시작 할까요
가까이 있는 듯 멀리 있는 듯
항상 우리 사이에
끼여 있는 재미마져
지루하게 다가오는 시기가
시비에 걸렸네요
저 멀리 떠나 간 발자국이
돌려보낸 잔소리가
달콤한 추억을 깨고
여기서 모든 순간이 제자리를 찾고
여기서 힘든 순간도 희미해져 가는
혼란 속에서 다시 시작할 수 있게
우리가 만난 곳이라 해도 헤아릴 수 없는
세상이 다시 눈부신 희망을 비추네요
항상 여기서

중국 하얼빈 시 출생
월간 시 제1회 '공감시인상' 당선(2018)
시집 『나의 시는 아직도 입원중이다』 출간
대한민국 국적 취득(2019)

# 귀가

봄은
여행을 시작하는 계절이다
여름은
사람을 알아가는 계절이다
가을은
마음을 읽게 하는 계절이다
겨울은
한기를 녹여주는 계절이다

봄 여름 가을 겨울
선을 그어 뒀던 시간의 의미에
손을 잡고 온기를 나누는 계절
잊혀져 갔던 것들이 귀가한다

# 이숨

## 구름의 낙법

뛰어내리기를 준비하는 구름의 자세
생의 끝에서 고민의 흔적 없이
아래로 향하는 눈빛은

죽음을 앞두고
다 내려놓은 표정이다

두 번은 없다*

최선을 다한 자의 얼굴에서 보이는
당당함이다

땅에 쏟아낼 빗물만큼 격렬한 구름의 낙법

*'비슬라바 쉼보르스카'의 시 제목.

전남 장흥 출생
'착각의 시학' 신인상 등단(2018)
백석대학교 기독교전문대학원 상담학 박사과정
시 치료전문가, 은행나무숲 상담소 소장

## 수섬이 그린 삘기꽃

바다였던 수섬
시화방조제가 들어서고 육지로 개명을 했다
짠물을 머금은 땅,
수섬은 갯바람으로 풀꽃을 키웠다

봄기운에 띠가 일어서는 소리
잃어버린 기억이 파랗게 피어오르는
수섬에 오월이 오면 일제히 만발하는 삘기들
바람에 흰 깃발을 흔들며
또 하나의 풍경이 된다

소금기를 머금은 삘기꽃
소금처럼 흰빛이다

버려진 들판이 모처럼 환해지면
바람은 멀리 멀리 씨를 퍼뜨린다
수섬이 그린 설계도는 그리운 바다였을까

사라진 갯벌에 발을 묻고
삘기꽃이 파도처럼 출렁거린다

# 이영균

## 착각의 순도

그때는, 나의 명판을 달고 선
대문 하나 소망하였다
무게도 부피도 작은 그것
왜 그리 걸기에 힘겨웠는지
10여 년 고생 끝에 걸었을 때
세상 모두 그 아래 모인 듯했다
그러나 세간들이 세월을 먹고 볼품없이
엉덩이에 군살을 키워
커다랬던 집안이 작게만 보일 때
비로소 나는 깨달았다.
소유의 명판은 언젠가
그 소유와 함께 철거되고
말 거라는 걸
나의 소망은 나의 명판을 건
겉치레가 아니었다
세상 어디에서든 만인의 사랑
받는 그런 생이었다

강원도 춘천 출생
'좋은 문학'으로 등단
시집 『하얀 아침』 『마음에 집짓고 있다』 등 5권 출간
한올문학 작가상, 한국시인상 등 수상
기업인

## 편자

이빨 빠진 구두는 알고 있다
갈지자로 거닐며 뒤축이 다 닳도록 살았어도
실밥이 뜯어져 코가 다 해지게 살았어도
대로를 걸어 갈 때는
눈부신 금빛 먼지바람이 일어난다는 걸
자신을 이겨낸다는 것
아끼는 이들을 나 몰라라 내친다는 것
참으로 견뎌내기 힘들다는 걸
발가락에 티눈이 박히고
고린내에 발이 짓물러본 이는 다 안다
고통을 견디고 경멸을 다 견뎌야 하는 것
얼마나 참기 버거운 건지
하지만, 끝내는 그 때문에 먼 길
견뎌낼 수 있었다는 걸

# 이영춘

## 오늘은 같은 길을 세 번 건넜다

첫 번째 한 번은 누군가가 나에게 변비약을 사 오라 하여 건넜고 두 번째는 누군가가 나에게 뼈 튼튼해지는 칼슘치즈와 우유를 사 오라 하여 건넜고 세 번째는 누군가가 햇반을 사 오라 하여 그 길을 또 건너갔다 정확한 근거는 없지만 나는 의문에 의문을 품으며 그 길을 건너고 또 건넜다

 첫 번째는 불통으로 꽉 막힌 세상을 뚫고 싶은 욕망의 약인가 보다 생각하며 기꺼이 건넜고 두 번째는 골격이 무너져 내리는 청년들의 혹은 내 집 아이들의  그리고 푸른 황금기를 빗겨간 내 뼈를 추스르라는 명령으로 그 길을 기꺼이 건너갔고 세 번째는 밥 하는 주부가 사라져가는 시대에 너도 편승해 보라는 시대의 명령 같은 내 안의 내가 좋아서 그 길을 또 건너갔다

그러나 변비 앓는 사람은 이 밤에도 계속 통증을 호소하는 중이고 칼슘치즈와 우유는 금방 효능을 알 수 없으니 축적될 날을 기다려야 한다  햇반은 냉장고에서 누군가의 손길이 닿을 내일 아침을 기다리는 중이다

'월간문학'으로 등단(1976)
시집 『시시포스의 돌』『시간의 옆구리』『노자의 무덤을 가다』 등 다수
윤동주문학상, 고산문학대상, 유심작품상 특별상 등 수상

## 거미줄 난간

내 시는 늘 배가 고프다
어제는 쌀독이 비었고
오늘은 비가 내렸다

후줄그레한 아버지가 빈 지게를 지고
곳간 문지방 저 너머에 서 있다

빛나는 사람들의 이름 뒤에는
축축한 그림자들이 숨어 있는가?

들고양이가 난간 벽을 타고 빠르게
햇살을 건너간다
난간이 흔들린다

오전 내내 견디던 몸살이 물방울로 흔들린다
나비 날개의 꼬리들,
축축하다

구름에 업혀 올라가는 이슬방울 하얗게 사라지
는데
제 목줄에 걸린 거미 한 마리
힘겹게 매달려 있다

# 이오장

## 석양 앞에서

건너갈 다리 찾을 수 없고
날개 달지 못했다고
섬이 된다면 쓰겠는가
한패의 놀이패가 징을 멈춰
갈매기를 쫓아내어도
발돋움으로 고개 쳐든다면
손잡아줄 사람은
바로 앞에 있는 거지
그땐 떨쳐버린 외로움 긁어모아
바다 끝에 불붙이고
덩실덩실 춤추는 거지
활활 타오르는 불길 속에
서로의 웃음소리 묻혀
그 무엇도 두렵지 않지
너는 나에게 나는 너에게
등 기대어 불꽃 이룰 수 있다면
바다는 낮아져 섬이 사라지고
하늘은 우리 품에 있는 것
하루의 마감은
내일을 위한 방문 닫기일 뿐
우리 앞에 용접된 철문은 없지

'믿음의 문학'으로 등단(2001)
시집 『왕릉』 『99인의 자화상』
『꽃구름 탔더니 먹구름 나룻배 탔더니 조각배』 등 15권
동시집 『서쪽에서 해뜬 날』 『하얀 꽃바람』
전영택문학상 수상

## 절정

물은 뒤를 보지 않는다
흐름을 멈추게 한 건 너의 두 발
네 앞에선 폭포도 제자리
지나가는 것들은
너의 눈길에서 벗어나지 못하고
날개 접는 순간부터
기다림은 절정으로 치닫는다
떠나간 것은 지우고
물 따라 오르는 은어의 혼인색을
낚아 올리는 시간 속에서
배고픈 눈빛은 욕망으로 불탄다
기다린다는 건 살아있다는 것
만날 때까지 날개를 펴지 않고
물과 땅이 부딪치는 울림으로
침묵의 기둥을 세운다
슬퍼하지 마라
해오라기
너의 부리 끝에서
은빛 열매가 파닥거릴 때
삶의 꽃은 활짝 피어난다

# 이옥주

## 어떤 법칙

그림 속에서 새 두 마리 날고 있다
같은 방향 바라보며 회색 바람을 가르는
날갯죽지가 기울어진다
서로를 끌어안고
흐르던 때를 들춰보니
지워지던 바람이 휘몰아친다

감출 수 없는 시선과 온도를 풀어둔다

사각 틀에서 보이는 흔들림 따라
바로 지워지며 엇나가는 눈빛들

새들은 소음 속으로 던져져
흘러가는 공간에 멈춰 있다

손잡았던 순간을 찾으려 한다
소리 안에서 일어서며
돌아보는 그림자로 다시 태어나 날아간다

서울 출생
한국방송통신대 국문학과 졸업
월간 시 제21회 '추천시인상' 당선(2018)
시집 『별 헤는 달팽이』『쓸쓸한 약』 출간

# 무늬

맨홀 열고 바닥에 엎드려
진지하게 들여다보는 이
그 뒤에 서서 브레이크 댄스를 추는 이

손동작 살짝
몸동작 살짝
웨이브에 빠져

뒷사람은 느긋하며 여유롭다
표정이 밝아 미소 짓게 한다

춤 동작 멈추고
지렛대로 뚜껑을 받쳐
닫을 준비하는 젊은이
들여다보는 이는 아직도 진지하다

살아가는 일에도
무거움과 가벼움이 있듯이

진지한 그와 가벼운 그
모두 사람의 무늬이다

# 이재호

## 버리자

모자를 버리자
옷을 버리자
의자를 버리자

모자를 버리니
머리가 가벼워지고
옷을 버리니
몸이 자유로와지고
의자를 버리니
마음이 편해지더라

이름마저 버린다고
내가 없어지진 않을 터
나는
나 일 뿐이다

서울 출생
서울예술대학 연극과 졸업
월간 시 제19회 '추천시인상' 당선(2018)

## 낮술

술잔에
햇살을 담그어 마시는
기분을 아는가

솔바람 속삭이는 나무 그늘에
언뜻언뜻 보이는 부서진 햇살을 잡아
멀리서 찾아온 친구와 마주하는
술잔의 기쁨을 아는가

눈 깜빡하는 순간에 꽃은 피고 지니
떨어지는 낙엽을 잠시 붙잡고
낙엽들의 사연을 안주삼아
잠시 멈추어 가는 것이 어떤가

내일로 미루지 말자
내일은 약속되지 않은 날이니
이 순간이 우리에게
전부가 아니겠는가

낙엽은 가고 나면 그뿐인 것을

# 이정숙

## 여시인연 如是因緣*

풀잎이슬처럼 살고 싶다.

실바람 결에 추락하면서도
추락하는 동안에도
한없이 맑게 눈 뜬
그런 눈으로 살고 싶다.

누운 꽃밭에 이르면
자취도 없는 이름
눈물 같은
풀잎 이슬.

나는 왜
이승에 와서
풀잎 위에 얹혀져
한 생을 사는가?

풀잎 이슬로 살고 싶다.

중국 만주 출생
고려대학교 국문학과, 숙명여대 대학원 국문과(석사)
서울신문 신춘문예 시 입선(1981)
현재 인터넷신문 '여원뉴스' 발행인

거친 바람이나, 발길에 차여
추락하면서도  한 없이 맑은
풀잎 이슬.
바람 결에 흔들리며 사는 것도
풀잎 이슬의 인연.

흔들리는 것도,
추락하는 것도,

내가 풀잎이슬로 작정하는
꼭두각시 내 이력도.

여시인연如是因緣이다.

*여시인연이란 '인연입니다'라는 뜻

이정식

## 가을 산

단풍 잎 사이로 옥양목 하늘 눈부시다.
잎 몸은 선명한 핏줄로 하늘 받치고
산은 현란하게 물감 번지는데

소슬한 바람이 스친다.
고운 잎 하나 떨어지면
어디선가 잠자리 날아와 낙엽 쫓다 사라지고
소복한 여인의 울음마저 잦아든 외진 길가
들국화는 청초하게 피었다.
억새는 하얗게 꽃이 바랬다

이름 모를 산새 울다 떠난
젊음 떠나는 가을 길목에
한 낮의 정적
영혼도 잠시 침묵에 빠졌다.
침묵이 끝나면 가을이 우수수 쏟아져 내릴 것이다.

전남 고흥 출생
성균관대학교 졸업
월간 시 제11회 '추천시인상' 당선(2017)
시집 『내가 나를 묻지 않을 자유』 출간
해조 전문 기업인

## 내게 말하리라


별 아래 잠이 든
왁자지껄하던 바닷가 모래밭과
피곤한 파도에 조금씩 밀려오는 조개껍질들과
푸르름이 사라진 나뭇가지들과
쓸쓸함이 내려앉은 내 이마 위에
말하리라

가을 햇살이 기울고
차가운 계곡물에 떠내려가는 잎새들에게
푸른 하늘을 물들인 노을 위에
낙엽처럼 져 내리는 내 꿈에게
말하리라

아직 나무 끝에 매달려 떨어지지 못하는 열매들과
탈 벗지 못하고 생명을 놓아버린 매미들과
빗물에 씻긴 언저리에
아슬아슬하게 매달려 있는 작은 나무와
기억조차 멀어버린 젊은 약속들과
이 모든 쓸쓸함과
끝나지 않은 시련과
아름답고 슬픈 내 흔적의 파편들에게
말하리라

자유롭게 날고 싶었던 날을 위해
뜨겁게 더 뜨겁게 여름을 태우고
제 시절 푸르름을 더 짙게 빛나게 하였던들…

# 이종범

## 작은 바위가 말했다

하천 중앙쯤에 우뚝 서 있는
작은 바위는
이 하천의 지난 기억과
도시의 내력을 송두리째 알고 있다는 듯
꼿꼿한 자세로 단단하게 서 있었다
주변에 바위라곤 없는데
어떻게 홀로 이곳에 머물게 되었는지
길 옆 수풀 속에 있었다면
보잘것없었을 작은 바위는
무료하고 덤덤한 물길을
치장한 세트장처럼 그럴듯하게 했다
사람들은 세상을 자신에게 맞추려다가
거절당해 실망하고
잠들지 않는 밤을 벌건 눈으로 저주하며
우울에 빠지기도 하는데
헤벌쭉 웃고 있는 사람 중에도
크게 한방 맞고 나가떨어져서
마음을 다잡고 다잡는 과정을 거쳤는지 모른다
아마도 저 작은 바위는
거대한 집단에 밀려 힘들게
바닥을 기고 기어 다다른
생면부지의 물길에서 뜨거운 눈물을 쏟았던
시커먼 기억은 잊어버린 듯
하얀 이를 드러내며 활짝 웃는지
저 모습을 닮고 싶다

한양대학교 공대 졸업
월간 시 제11회 '추천시인상' 당선(2017)
현재 자동차부품 제조업체 임원 재직

## 폭탄선언

한층 흥겹게 무르익은 자리에
폭탄이 날아들었다
모두 당황하여 어쩔 줄을 몰라 했다
다행스럽게 시한폭탄이었다
오랫동안 폭탄을 품고 만지작거렸는지
폭탄의 손잡이는 많이 닳아 있었다
폭탄이 터지기 위해서는 설정된 시간뿐 아니라
몇 가지 부가된 조건이 있었다
모두 피해를 당하지 않도록
그러한 조치를 한 것으로 보였다
곧 폭탄을 어떻게 할 것인지
말들이 날뛰기 시작하고 옆의 말에 놀라
다른 말들도 날뛰기 시작했다
폭탄 제거반을 부르자는 사람
밖으로 내던져버리자는 사람
구조가 어떤지 확인해보자는 사람
갑자기 던져진 폭탄에 분노하며
던진 사람을 비난하기도 했다
흥분과 좌절이 거듭될수록
차가운 술은 더욱 부어지고
뜨거워진 가슴으로 흐느끼는 사람도 있었다

사람들을 놀라게 하고 당황하게 만든

폭탄처럼 말을 내던진 사람도 힘들었겠지만

함께 있었던 사람들은 한동안
갑자기 날아든 뜻하지 않은 얘기에

트라우마로 힘들어할 것 같다

# 이지영

## 날개

푸르고 흰 날개
활짝 펼쳐서
휘이 날아본다

높기 만한 고층빌딩
멀기 만한 도시
점점 작아진다

숨가쁜 일상
짓누르는 삶의 무게
시간과 마음을 멀리하니
하나의 점뿐이다
눈을 감고
마음의 날개를 펼쳐
잠시 창공을 날아본다

'서정문학' 동시 등단(2015)
'문학광장' 시 등단(2016)
공저시집 『한국대표서정시선7』 등

## 엄마의 숙명

어제와 같은 오늘
퇴근이 없는 근무
자신을 돌보기엔
늘 시간이 부족한
두 글자, 엄마

내일은 다르리라
자신을 찾기 위해
여행을 떠나리라
마음을 굳게 먹어
두 손에 쥔 가방

자녀의 자는 모습에
얼어붙은 발걸음
엄마라는 두 글자
마음은 무너지고
두 발로 다시 주방

# 이춘만

## 새재를 넘는 바람

문경새재 관문을 쳐다보며
길은 숨이 차서 몸을 뒤틀고
놀란 뱀처럼 달아나곤 했지만
지금은 아흔아홉 구비 밑으로 기어들었다

과거 보러 한양 가던 선비들
너덜경을 마다않고 지름길로 내달을 때
거기 떨어진 땀방울은 흔적이 없고
하늘로 흩어진 숨소리도 가뭇하다

너무 높고 가팔라서
새도 구름도 쉬어 넘는 길
바람에 솟은 바위들은 보았을 텐데
새재를 넘는 바람은 묻지도 않는다

경북 문경 출생
'한국수필' 신인상(수필), '포스트모던'(시) 등단
한국문학예술상 수상

## 여행

산골짜기 작은 도랑에
돌돌돌 물이 속삭인다
어느 누가 대꾸하지 않아도
저희끼리 소곤댈 뿐 말이 없네

잘났다고 으스대지도
도도하게 뽐낼 일도 없어서
높은 데엔 눈길조차 주지 않으며
즐거이 낮은 곳으로만 길을 고를까

가다가 또래들을 만나면
서로가 좋아 함께 뒹굴고
한 몸 되어 얼싸안기도 하며
더 크고 넓은 세상을 그려보겠지

먼 여행은 이미 시작된 일
여울에서 잠깐 숨을 돌리다가
끼어든 흙탕물과 손을 잡기도 하며
언젠가 다다를 바다를 꿈꾸며 달린다네

# 이충재

## 저 너머 그 꽃밭

굽은 허리를 편다
땀 흘리고 저려오는 오금을 펴고
당도해야할 땅
좀처럼 문 열어주지 않는 산문을 두드리며
애써 나서는 걸음
나비처럼 가벼워야 당도할 이유라면
구름옷으로 갈아입는다

처소의 안락한 분위기에 마음 묶인다면
단 한 발자국의 소망도 품지 못한다
어여 가자
당기는 미련을 향해 미소 짓지 말고
물 건너고 산 넘어
흘리는 땀의 이유를 노래하면서
어여 짐을 챙겨 얽어매고 길을 나서자

붙들지도 말라
만류하지도 말라
양식 풍족한 것 같으나 위장 깊이 밀려들어가는
송곳 같은
민심의 함정이 도사리고 있어
모두가 미친 행위들을 노래할 뿐
꽃의 향기를 잊은 채 슬픈 낯으로 서성거리고들 있다

강원도 횡성 출생
한국성서대학교 졸업, 고려대학교대학원 비교문학 전공
'문학과 의식' 시 부문 등단(1994)
월간 시 제1회 '시평론' 대상(2016), 문학평론가
시집 『사람 섬에서 살며』 등 10권
수필집 『책의 숲속에서 멘토를 만나다』 등 3권
산문집 『아버지의 영성회복』 등 3권
한국기독시문학상 수상

## 쓸개를 씹으며

그대를 마주하면서
나는 입맛을 다신다
어디쯤 가서 토해낼 수 있을지 모를 식욕은
멈추지 않는다
꾸럭꾸럭 당기는 위장이 내는 원심력의 힘은
허공을 지나는
모든 것들을 단숨에 빨아들일 태세다

아침 점심 저녁
입 가득 호수처럼 출렁이는 침샘을 마시면서
일말의 추억 속
그림자를 쫓는 우리는
서로의 내장 속으로 쓸개의 덩어리를 밀어 넣으며
이유 없는 모의를 시작한다
출렁이는 파도 속으로 침몰하는 대지를 보듬고 죽어가고 있다

오늘만큼은
거래를 하지 말자
짧은 하루를 위해서 만찬도 잠시 멈추기로 한다
쓸개가 왜 이렇게 달기만 할까
어느새 우리는
꽃을 꽃이라 하는 의미를 잃은 채
어둔 밤에 꽉 박힌 돌로 남아 있다

# 이하재

## 달은 별빛을

달은 별빛을 먹고 자란다
날마다 조금씩 달은 살찌고
별은 하나, 둘 빛을 잃어간다
보름쯤이면 하늘 가득 달빛이 흐른다

별은 달빛을 먹고 자란다
날마다 조금씩 달은 마르고
별은 하나, 둘 빛이 살아난다
그믐쯤이면 하늘 가득 별들이 반짝인다

충남 공주 출생
서울디지털대학교 재학
월간 '시사문단' 신인상(2018)
월간 시 제17회 '추천시인상' 당선(2018)
'한국산문' 수필 공모 당선(2019)

## 바다로 간 토끼

바람이 불지 않아도
바닷물은 쉬지 않고 울렁였다
바다가 품고 있는
이름을 알지 못하는
이름조차 없는 여린 목숨들이
숨을 쉬며 살아가고 있기 때문이다
이따금 잔잔한 수면 위로 나와
쏟아지는 햇빛을 잘게 부수어
반짝반짝 거울놀이를 하였다

고요하고
평화스러운 바다다

가끔은 미친 듯 무섭게 날뛰며
닥치는 대로 때려 부수었다
배부르고 힘이 센 덩치 큰 괴물들이
전쟁놀이를 즐기기 때문이다
대서양에서 코가 뾰쪽한 괴물이
태평양에서 이마에 뿔이 난 괴물이
인도양에서 눈알이 튀어나온 괴물이
심심해서 하는 싸움이다
세상은 어디나 힘센 자들의 놀이터

바위굴에 숨어
날이 저물기만 기다린다

# 이한센

## 사랑

말할 수 없어야 사랑이다
가슴이 아프고 숨이 막혀야 사랑이다
할 수 없는 말이 사랑이다
돌아서서 '나는 등신'이라고 할 뿐….
죽음도 아깝지 않아야 사랑이다
만질 수 없고
가질 수 없고
단지 가슴에 묻어두는 것이 사랑이다

서울 출생
월간 시 제9회 '추천시인상' 당선(2016)
의사(브라운아이 의원)

태양

우리는 태양 없이 살 수가 없죠
그러나 태양을 가질 수 있나요
다만 그 온기를 받기만 할 따름이죠
우리는 주는 게 하나도 없이
받기만 하는 거죠
우리는 그것을 제대로 쳐다볼 수도 없고
가까이 갈 수도 없어요
그러나 그것은 언제나 존재하고
식지도 않죠

이현실

## 소리의 계단

뉴욕 그랜드센트럴 지하철역
에스컬레이터를 타고 오르면
부드러운 선율이 발목을 휘감는다
시간도 숨이 차서 잠시 쉬어가는 계단에서
금발 사내와 바이올린이 종종걸음을 붙잡는다

계단을 악보로 오르내리는 바이올린 울음이
엉킨 걸음을 풀어놓고
서두르던 출근길도 절로 느긋해진다

세상의 모든 슬픔을 노래하는
저 바이올린은
칸 칸 마다 올라서야 하는 생의 언덕 같아서
선율의 페이지에
그리운 이름들을 따라 불러보게 하고
내 안에 잔잔하게 파고드는 떨림에
무거운 마음도 헐렁해진다

계단을 오르내릴 때마다
소리를 파는 이국 사내의 우듬지가
가까이 보인다

한국예총 '예술세계' 수필 등단(2003)
'서울문학' 시 등단(2006)
시집 『꽃지에 물들다』 『가을 쉼표』
수필집 『꿈꾸는 몽당연필』
현 계간 '미래시학' 편집주간

## 그늘의 밥

뒤란 텃밭에서
방금 딴 머위 잎사귀에
막된장 얹어 쌈 싸 먹네

온몸으로 가득 안겨 오는 씁쓰레함
이런 입맛을 당겨주는 기억의 근원지를
떠올려 보네

입안에서는 쓰다! 쓰다! 밀어내면서도
털어내지 못하는 아편 같은 생이 있네

눈물로 말아놓은 슬픈 찬밥처럼
한 줄, 다시 한 줄 행간에 줄사다리 걸어놓고
때때로 밤을 이우네

음지에 납작납작 엎드려
구걸하는 그림자로 살아 본 사람만이
추억으로나 떠올려 보는
오묘하기 짝이 없는 그 맛

작년 가을 어느 모퉁이서
그늘 한 줌 종자로 얻어온 내 시의 나무에
가지를 뻗고 잎을 내고 열매를 달면서,
올봄 밥상도 풍성하겠네

# 이화인

## 막사발

밥알이 덕지덕지 말라붙은
이 빠진 개밥그릇이
말복 날 집을 나간 주인을 기억한다

한 시절은
헛기침으로 이른 하루를 열었던
할배의 진지 그릇이고

한 시절은
그 할배의 기억을 오롯이 담아내던
손자의 밥그릇이다

태생은 천하지만
이름 없는 산골 불가마에서
인정 많은 늙은 옹기장이 그려준
당초 문양을 평생 가보처럼 품어왔다.

전북 김제 출생
'현대시문학'으로 등단(2003)
시집 『길 위에서 길을 잃다』 『묵언 한 수저』 등 출간
수필집 『쉰여덟에 떠난 Nepal 인도여행』 출간
임화문학상, 현대시문학상 수상

## 매미
―미친 사랑의 노래

전생에 정인(情人) 하나 있었네
비천한 내 사랑을 접어두고 딴 사랑을 따라갔네
서럽게 울며불며 떠나갔네
먼 훗날 바람결에 한평생 날 못 잊고
더 멀리 떠났다는 기별도 있었네

뙤약볕에 두렁두렁 콩밭을 매다가
달빛 초롱 걸어 두고 길쌈을 하면서도
베틀 쪽잠에 불쑥불쑥 내 생각을 하였네
검은 머리 곱게 잘라 미투리 삼고
베옷 한 벌 곱게 짓던 정인이 있었네

늦더위에 창밖에서 밤낮으로 울며불며
피 울음을 토하며 망부가를 부르다
찬 서리에 풍장 할 미친 사랑이 있네

전생에 깨진 인연 이승에서 못 이룬 사랑
다음 생에나 이루자고 미친 듯이 절규하는
미친 사랑의 노래를 부르네.

이효애

존재

세상 밖 눈먼 바람에도
흔들려보지 않아
나를 찾을 수 없다면
날아다니는 먼지라도 따라가 보라
먼지도 쌓이면 눈에 띈다

계간 '문학사랑'(2003), 월간 '시문학'으로 등단(2012)
시집 『괄호 안의 고백』 『그 틈, 읽기』 『손등이 가렵다』 등 출간
타고르 문학상 최우수상, 부산시인협회상 작품상 등 수상

## 바꾸기로 했습니다

줄 곧 산으로만 가던 길을 오늘은 해변으로 가기로 했습니다
발바닥이 버석거리는 산길은 이제 뒤꿈치가 갈라져
더 이상 웃음이 사라졌습니다
오늘은 그냥 물렁물렁한 마음이 필요했습니다
붉은 혓바늘이 수평선으로 서서히 사그라드는 동안
각시 풀에서 생인 발톱이 자라났습니다
해죽이 핀 들꽃이 서리를 맞아 풀이 죽어 있던
그 꽃이 자꾸만 생각났습니다
거추장스러웠던 잡초와 찬 서리에 축 처져 있던
호박넝쿨의 애잔한 호박꽃도 생각났습니다
 해안 길로 시간을 삼킨 해풍이 재채기를 하고 지나갑니다
익숙하지 않아 익숙해지려고 수평선 위에
꽃무릇을 걸어 놓고 잊는 연습을 했습니다
도무지 잊혀지지 않아 다시 바꾸기로 했습니다

# 이희국

## 네모난 기록장

창 너머 깔린 어둠이 나지막이 출렁인다

어제의 기운은 벌써 저편으로 빠져나가고
뒷담을 넘어가던 달빛
새벽 한 시의 발자국이 이곳에 찍힌다

오늘이라는 종이 한 장, 지평이 되어 앞에 놓였다

바람을 훔치려다
창문을 몰래 넘어 온 습기가
마음보다 먼저 A4용지에 스며들어
백지만 들고 아침을 맞은 적도 있다

먼 길 떠나버린 그녀의 마지막 유언이
별이 되어 이곳에 내리던 밤
젖은 종이에 아무것도 남길 수 없었다

이 서늘한 기운, 달과 별의 하소연
지금의 무게를 어떻게 다 담아야 하나

오늘이라는 백지에
아무것 남기지 못했다

월간 '문예사조'(2014), 월간 '시문학' 신인상(2017)
시집 『다리』 『자작나무풍경』 출간
공저시집 『씨앗의노래』 등 다수
한국비평가협회작가상 수상
가톨릭대학교 외래교수, 약사

## 달빛을 덮고 잠들다

포구를 껴안고
바다도 잠이 든 시간
출렁이는 잔물결에 달빛이 반짝인다

밧줄을 붙들고 잠에 빠진 저 목선
모처럼 깊은 잠이다
며칠 전 들이닥친 풍랑이 먼 바다로 빠져나간 후
달빛마저 잔잔해졌다

새들의 울음마저 끌어올리던 어부의 억센 팔뚝도
어디선가 닻을 내리고
물속을 휘젓던 포식자와
쫓기던 작은 물고기 떼도
지금은 어느 해초 사이에 숨어 잠들었을 것이다

바다의 젖을 먹고 자란 파도마저
지금은 휴식이다

등을 쓸어주듯 잔잔하게 일렁이는 이 고요를
아무도  건드릴 수 없다

이 깊은 잠은 풍랑이 놓고 간 것이다

# 임권

## 서울행

해변에서
탔을 수도 있는 얼굴
농사짓냐 물어보는
서울 사람 귀신이다

희멀건 그대보다
구릿빛 내 얼굴이
우리 동넨 더 잘 먹혀

비좁은 생존 터에
속타는 그대여
아무렴 내가
겉만 탔지 속까지 탔을라구.

충남 논산 출생
월간 시 제13회 '추천시인상' 당선(2017)

## 몽당비

닭장 옆 볼품없이
벽에 기대어 있는 빗자루

가진 건 몸뚱이 하나
날마다 길을 닦던 그에게
남은 거라곤 닳아버린 몸

나 하나면 된다
너흰 꽃길을 걸어라
길을 내는 그의 등에
선명히 남는 채찍 자국

생애 첫눈을 쓸 땐 눈부셨을까
마지막 낙엽을 쓸 땐 찬란하였나

손때 묻은 마디가 한없이 굵다.

# 임덕기

## 밤나무의 속성

옹골찬 가을이
발밑에 자신의 단단한 언어를 쏟아낸다

사람에게 받은 상처가 깊어
고슴도치처럼 웅크리고 앉아있다
막무가내 곁을 내주지 않는다

음해陰害의 두려움으로 가시폭탄을 만들었다고
보려면 잘 살펴보라고
들으려면 잘 들어보라고
지나는 이를 향해 가시 돋친 말을 한다

까칠한 성격이지만
모진 마음이 길지 않다

때가 되면
가시폭탄이 저절로 열린다
불발탄이다
대신 땅위에 쏟아지는 단단한 언어들

제 풀에 속내를 활짝 열어 보인다

계간 시전문지 '애지' 등단(2014)
시집 『꼰드랍다』 출간
수필집 『조각보를 꿈꾸다』 『기우뚱한 나무』 등 다수

## 가을을 줍다

**1 플라타너스**
조붓한 산길마다
바람이 휘돌아오면
큰 손들이 떨어져 땅에 나뒹군다

기진한 낯빛으로
갈색 손들이 버석버석 소리를 지른다

바람을 다독이며
햇살을 담아내던 중노동으로
손등이 거칠하다

갈바람이 찾아와 손을 내민다

몰아치는 구애에
못이기는 척 손을 맞잡고
하나 둘 번지 점프를 시작 한다

지나는 이들
발밑을 지키던 생각은 까맣게 잊어버
리고

**2 먹감나무**
늦가을 감나무에 호롱불이 켜져 있다

진홍빛으로 물든 뺨마다
군데군데 찍힌 까만 점들
태생의 슬픔을 참고
발밑으로 지나다니는 이들
가는 길을 환히 밝혀준다

저문 계절
붉게 물든 잎 사이로

# 임완숙

## 창령사 터 오백나한 상 蒼嶺寺址 五百羅漢像

누가 단순한 돌덩이라 했나
당신의 마음을 닮은 얼굴
창령사 터 오백나한 상

어서 오너라. 힘들었지?
유년의 기억 저 편에서 불쑥 솟아나는 음성
까마득한 학교길 십리 타박타박 집에 오면
얼른 품에 안고 토닥여 주던 할머니
나는 울컥 목이 멘다.
고개를 돌리면
어느 새 모여 앉은 반가운 동네 어른들
한 결 같이 온화하고 소탈한 낯익은 얼굴들이
내 등을 두드린다.
그려. 그려. 사는 게 다 힘든 거여.
눈썹에 서리 내린 큰골 안 할아버지
하회탈처럼 웃는다.
괜찮아. 다 괜찮아질 거야. 걱정하지 마라.
할머니 가만가만 내 머리를 쓰다듬는다.
보고 싶은 할머니, 옷섶에서 구수한 밥물냄새가 난다.
나도 모르게 주르르 눈물이 흐른다.

누가 영험 없는 단순한 돌덩이라 했나
내 마음을 닮은 얼굴
그리움 자욱한 영월 창령사 터 오백나한님.

충남 세종시(전 연기군) 출생
한국일보 신춘문예 소설부문 당선(1971)
'시세계' 신인상(1994)
시집 『바다에 내리는 비』 『우리의 사랑은』 『타키의 노래』
에세이집 『보리수 그늘 아래 꽃비 내리고』 등 출간
일붕문학상, 청하문학상 등 수상
현 주간 '한국문학신문' 논설위원

## 삭발시대 削髮時代

어쩌다 이리 되었나

조개구름 내려앉는 푸른 산사의
뜨락에서 어린 스님네 무명초無明草* 베어내던
서늘한 삭도削刀*
언제부터 슬며시 저잣거리로 내려왔을까

분출하는 목쉰 저항의 몸짓인 양
붉은 띠 단단히 두른 삭발의 퍼포먼스
현란한 구호 난무하는 우리의 광장은

메아리도 건널 수 없는
불통의 강 언덕인가
검은 머리터럭만 하릴없이 바람에 흩어지는데

문득 푸르른 지혜의 보검 번득여
우리 저마다 웃는 얼굴 슬기롭게
맑고 밝은
화해의 말씀 평화의 문 열 수는 없는 것인가.

*무명초 : 불교에서 머리카락은 잡초의 뿌리처럼 강한
 집착을 나타내는 어리석음에 비유된다. 그래서 머리카락을
 '무명초'라 하여 번뇌 망상의 상징으로 여긴다.
*삭도 : 스님들이 삭발(머리털을 깎음)할 때 사용하는 칼

임하초

앵두


고향 집 대문 옆처럼
엄마에게 몇 개 따 보이니
해맑게 웃는 얼굴 아기 같다

익은 앵두 동생이랑 따 놓으면
엄마는 착하다고 착하다고 하셨지
앵두 익는 대문과 마당이 보이고
그 집 주인도 보인다

뻐꾸기 소리 담은 산바람 마당을 휘저으면
주인어른의 지게 위엔 꿀이 한가득 잠들고
저녁연기는 그 바람 타고 은행나무에 걸쳐있고
들마루에 앉아 저녁을 기다리는 가족들
앵두 한 사발을 먹던 날이 엊그제 같다

엄마는 그날이 가장 행복했을 거야
나도 그러니

월간 '한국수필' 신인상, 월간 시 제9회 '추천시인상' 당선(2016)
시집 『영혼까지 따뜻한 하늘 우러러 보다』 출간
월간시문학상 '올해의 시인상' 수상(2018)

## 자유

낭자머리의 비녀를 거부하고
파마머리로 자유를 선언한
딸이 아닌 엄마의 파마머리로
남자들이 술렁댔다

파마머리에 물동이 얹은 모습이 궁금한지
양화리 사거리 앞에는 동네 아저씨들이
엄마가 나오길 쭈빗쭈빗 기다렸지

난처한 엄마를 대신해
아버지가 물지게를 지고 나가면
'남자가 물 뜨러 가나…' 헛간의 녹슨 대못같이
술술 뿌려대는 대부들의 같잖은 인사로
흔들리는 물지게 꽉 잡고 오셨지

며칠간 살얼음판이었으나
사실 아버지도 파마한 모습이 예쁘다고 하셨다지
그러고 보면 아버지가 동네 큰 샘에서 물을
길러 온 것이 사실 더 파격적인 거야

낭자머리를 처음 파마한 세련된 우리 엄마
그렇게 예쁘면 나도 해 주지
예쁜 우리 엄마 보고 싶다

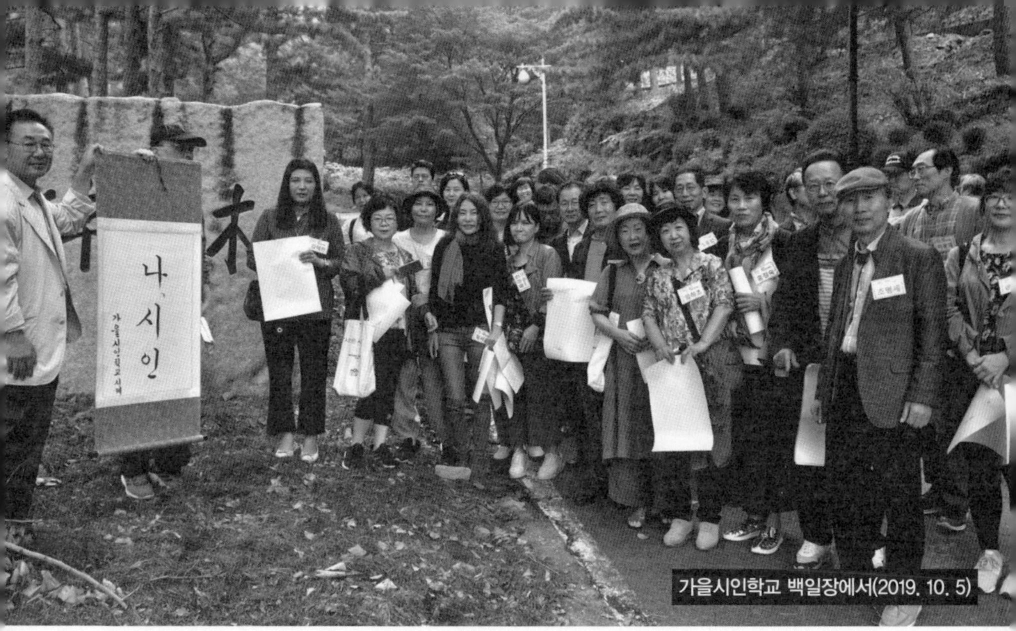

가을시인학교 백일장에서(2019. 10. 5)

전·정·조·지

# 전미소

## 하나님의 건망증

"이런! 내가 깜빡 했네!"

마지막 잰 손길로
눈물샘 가시로 따끔 뚫으시며
"아름답게 살아라"
말씀 하신다

오늘 나는
길 잃은 아기그늘에게

한줌 사랑의 빛으로
눈물 꽃 한 송이 피어낼 수 있을까

서울 출생
계간 시전문지 '시와 시학'으로 등단(2013)
시집 『동사무소에 가면 누구나 한평생이 보인다』 출간
'화'를 '화'병에 꽂아라 강의

## 첫 이별

5학년 여름방학
작은언니와 나는 부산 작은집에 처음으로 놀러 갔지

고속버스 터미널에서 아버지는 긴 여행길에 오른
어린 두 딸에게 초행길 조심해야 한다며 단디 이르셨고
우리는 들뜬 마음으로 버스에 앉아
떠나는 버스 창을 사이에 두고
아버지와 맞인사로 손을 흔드는데
뜬금없는 눈물이 "왈칵"하며 쏟아졌었지

그날의 짧은 이별이 흑백사진으로 인화되어
낮달되어 떠오를 때면
종가집 씨 간장보다도 더 쩡한 짠맛이
마음에 녹 절여 내린다

# 정광섭

## 눈물방울

검구름 가득한 하늘 밑
국토의 첫머리 끝머리 처마 끝에 매달려
밤낮 비에 젖고 흐느끼는
눈물방울 시詩
광풍에 떨고 눈보라에 시달리는
눈물방울 시詩
아, 대한민국은 어디로 가는가
대한국민은 누구를 따라 가야 하는가
보라, 보이는 길 너머 보이지 않는 길 위에서도
민족정기는 번쩍번쩍 생동해야 하지 않는가
방방곡곡 정신과 물질의 농익은 열매들이
대한국민의 실생활 속으로 수없이 떨어지는 날
국혼國魂의 가슴 속에서
드디어 용솟음치는 눈물방울, 시여
백두대간을 마구 때리는 눈물방울, 시여
아아 일어나라
대한민국아, 대한국민아,
태양을 향하여 제발 일어나라
일어나 일어나
태양의 어깨 위에 올라타라 올라타라
그리하여 눈물방울 시에 빛나는
대한민국 무지개
오, 대한민국 오색 무지개여

경남 거창 출생
'자유문학' 신인상으로 등단(1999)
시집 『빛의 우울과 고독』 외 공저시집 다수

## 한 마리 연어가 되어

난 자연 속에서 태어난 몸,
눈 비 바람 속에도 폭염 속에서도
지탱하며 지탱하며
견뎌온 인생, 나의 삶
그러나
흙의 탑인가 탑의 흙인가 무너지고 흩어져
오늘은 눈물이 강이 되고 바다가 된 걸
알리라 알리라
산산조각 난 흙의 잔해 속에서도
죽음은 또 삶으로 이어지는가
다시 푸른 별 같은 생명의 바다를 가슴에 품고
너울지는 파도의 찬란한 고갯마루 밑에서
나는 마음껏 살아간다 내 빛나는 삶을
그러나, 그러나 어쩌하랴
아는가, 소용돌이치는 바다여
아는가, 회오리치는 하늘의 비구름떼여 바람떼여
난 다시 강의 가슴 속으로
돌아가련다 돌아가련다
바다가 강이 되고
다시 강이 바다가 되는
생生의 환희, 그 환희의 도정道程이여
수백 수천 수백만 수억의 생명이
태어나고 죽어가고 죽어가면서
다시 태어나는 나의 고귀한 인생!
한 마리 연어가 되어
영원히 살련다
한 마리 연어가 되어

# 정병기

## 어머니 없는 세상

어머니가 없는 아이는 없다
어머니가 없는 아이가
어머니가 없는 아이를
놀린다 따돌린다
어머니가 없는 아이만 있다
어머니가 없는 아이가
어머니가 없는 아이를
때린다 사라진다
어머니가 없는 아이는 없고
어머니가 없는 아이도 없다

경북 영주 출생
'나래시조'에서 시조 등단(2016)
월간 시 제20회 '추천시인상' 당선(2018) '시와 표현' 신인상
시조집 『대한민국은 민주공화국이다』 출간
현 영남대학교 정치외교학과 교수

## 오독(誤讀)으로 되는 시

철근 밖은 천 길 낭떠러지, 일용직 거미 인간은 검푸르게 반죽된 시멘트를 먹고* 게웁니다 오늘 대한민국은 얼마나 개입니까 궂은 날에도 개미들은 일을 할까요 목메도록 개는 목매는 개미들을 핥아먹습니다 생태계가 파괴되어 집에 들어온 파리는 사흘쯤 굶으면 모기가 됩니다 날아다니는 놈 잡으려 팔이 아프게 쳐대니 목이 빠지지요 교육은 기득권 승계를 정당화하는 가장 합법적인 수단입니다 강의의 내용은 과연 어떠했습니까 사냥꾼에게 쫓기는 사슴과 어느 나라 말로 이야기했습니까 당신은 결정 장애를 가진 멧돼지입니까 모르는 것보다 잘못된 선택이 인생을 망칩니다

*위에서 당신은 몇 개의 단어와 문장을 잘못 읽었습니까

# 정서윤

## 의자

진창 밖에선 발자욱을 만들 수가 없어
조각난 달빛 아래 부서진 불빛이 그림자를 삼켜버려
수심을 헤아릴 수 없는
깊은 바닷 속엔 생명의 숨소리뿐이지
심해어의 눈처럼
깊은 물에 뿌리를 내려 피어나는 노랑어리연꽃을 봐
심연 속 심장을 모아 세상 밖에서 뛰고 있어

메마른 땅
빛을 잃은 어둠
가만히 느껴봐
그곳의 공감각을
네 눈빛엔 무엇이 보이니

내일을 알 수 없는 오늘이 내가 앉아 있는 의자 안에 있어
거리를 걸어
세상을 걸어
하늘을 걸어
내 발길이 멈춰 서 있는 곳
시선을 잃지 않은 눈빛 하나가 의자 안에 있어

그 눈빛이 세계를 관망하지

대지에서 미지로 이어지는 세상이
내가 앉아 있는 의자 위에 있어

아직 나는 길 위에 서 있고
의자는 내게 무한 세상을 보여 주지

서울 출생
월간 시 제25회 '추천시인상' 당선(2019)
율동시회 회원

## 당신과 당신

빛이 어둠을 지우는 새벽녘이면
조용히 앉아만 있다 조용히 사라지는 왼손처럼

긴 밤 지새워 당신의 곁에 말없이 찾아와
메마른 입술을 적셔주고 가는
풀잎 위의 이슬이 있습니다

긴긴밤 목마른 기다림으로  이루어진

당신과 당신은
그리움이 닮은 인연인가요

연무에 싸인 도심 속 콘크리트,
빌딩과 빌딩들 사이로 무표정한 얼굴들이 걸어갑니다
길어지는 그림자를 등 뒤로
쪽진 반쪽 달빛 때문일까요
창백한 불빛이 하나 둘 꺼졌다 사라집니다

어릴 적 아침에 눈을 뜨면
새벽 길 떠나 보이지 않던 아버지
한 밤 집으로 돌아오시던 모습이 창백했던

별 없는 하늘
굽은 손등처럼 여윈 초승달이
빛을 손에 들고
무거운 어깨 위로 가만히 건네옵니다

혈관을 타고 흐르는 온기처럼 아직 따듯한 손

당신과 당신은
달빛이 닮은 나의 전부입니다

# 정선희

## 물방울의 꿈

내 마음은 물과 같아요
내 마음은 소리 없이 흐르는 물과 같아요
어느 한 곳에 멈출 줄 모르는
멈추어서 머무르지 못하는
맑은 물과 같아요
나는 어느 때라도 흐르지요
물이 저 높은 곳에서 아래로 흐르듯이
물이 고여서 탁해지는 일이 없듯이
나는 쉼 없이 흐르고만 싶답니다
휴식 없이 흐르고 흘러서
결국엔 깊은 바다에 이르고 싶어요
어느덧 고요하고 푸르른 바다에 닿아서
나는 나의 꿈과 만나고 싶어요
내 꿈이 일러주는 그곳에서
나는 나의 바다와 해후하고 싶답니다

경기도 의정부 출생
숭실대학교 국문과 졸업
서울시인협회 회원

## 기다림

나는 기다립니다
나의 시간은 기다림의 시간

비가 내리기를
바람이 불어와 주기를
햇살이 비쳐 주기를
꽃잎이 터져 주기를
열매가 매달려 주기를
아기가 걷기를
소녀가 숙녀가 되기를
사랑이 다가와 주기를
행복이 머물러 주기를
언젠가 우리 다시 만나기를
영원히 잊히지 않기를

나는 기다립니다
나의 시간은 기다림의 시간
나는 언제나 기다림 안에서
나의 시간들을 사랑하고 있습니다

# 정순영

## 가을 같은 나이에

가을 같은 나이에
비우는 것이 아니라 채우는 것임을
쓸쓸한 것이 아니라 호젓한 것임을
알게 되는 인생의 봉놋방에서
보름달처럼 만난 인연들을 하나 둘 떠나보내면서
아쉬워 않기로 했다.

경남 하동 출생
시전문지 '풀과 별' 추천완료(1974)
부산문학상, 부산펜문학상, 자랑스런 시인상, 부산시인협회상 등 다수 수상
동명대학교 총장, 세종대학교 석좌교수
시집 『시는 꽃인가』 『꽃이고 싶은 단장』 『조선 징소리』 등 다수 출간

## 모난 돌

남들이 내게 던진
돌 같은 말들로 마음의 바닥을 다지고
그 위에 삶의 집을 짓는다.
마음에 아름답게 빤짝거리는 몽돌도 있지만
모서리가 날카로워 상처를 내는 모난 돌도 있다.
하지만 칭찬이 따뜻한 몽돌과 몽돌 사이를
알차게 메꾸는 것은 매서운 채찍의 모난 돌이다.
시련이 삶의 뿌리를 깊게 하듯이
모난 돌이 쐐기처럼 마음의 바닥을 단단하게 한다.

# 정유준

## 회암사지

밤이면 절 마당이 술렁인다
달빛 밝은 밤이면 더욱 술렁거린다
아직 마음이 비워지지 않은
기도 소리로 술렁거린다

소나무가 마당을 휩쓸고 간다
일주문에서 부도탑까지 휩쓸고 간다
새벽이 오고

절 마당은 텅 비워진다.

시집 『사람이 그립다』 『나무의 명상』 『물의 시편』
『편백나무 숲에서』 등 다수 출간
불어시집 『Contemplations de l'Arbre』 출간

## 겨울 유감

슬그머니 방문한 때이른
겨울에 유감은 없다
굳어지는 군살처럼
해마다 무디어가는 감정 또는 욕망
슬픔이 더 이상
나를 빗금 칠 수 없다는 것을 알고 있다
창문이 흔들린다면 그건 바람 때문이고
그가 오지 않는다면
한 순간 폭설로 길이 지워졌음을,
그저 어둑한 날처럼 기다리다
먼지 낀 서랍을 들추게 하는
겨울을 원망하지 않는다
서어나무 숲 구부정한 허리가
더 구부러져 바람에 흩날리는 것은
숲이 아름답기 때문이라고
그냥 담담하게 받아들일 뿐
내게 더 이상 아픔을 주지 못하는
겨울에 유감은 없다.

# 정인경

## 진실

글을 쓸 수가 없었다
마음을 표현할 수도 없었다

떠나고 싶어
수없이 그어대던 손목
떠나고 싶어
무수히 학대하던 몸뚱아리 아니던가

이젠
실낱같은 한줄기 희망으로 매달리며
떠나지 않으려 통곡하며
몸부림친다

아직은 이르다고
지금은 때가 아니라고
손톱 밑 피멍 자국쯤은 괜찮다고
온 힘을 다해 매달린다

생生에 대한
마지막 진실이었다

'공감과 치유' 12인 시집 『잠시 쉬어가도 괜찮아』 발표

## 귀향

막다른 길의 끝
갈 곳이 없음을 깨닫고나서야
당신을 찾았습니다

1년 365일 언제나
열려있던 문이었는데
이제서야 그 문을 밀고 들어갑니다
이제서야 당신을 찾고
당신께 무릎 꿇고
당신을 외면하며 살아온 시간들을 후회하며
당신의 발에 친구(親口)*하며 흐느낍니다

당신 품에 안기는 순간이
기쁨이요 환희의 행복인 것을
당신의 무한한 사랑
돌고 돌아
막다른 길 끝에 와서야 알게 되었습니다

*친구 : 가톨릭, 숭경의 대상에 대하여 존경과
 복종을 나타내려고 입을 맞춤

# 정인선

## 오른쪽이 무너졌어

떨어지지 말고 꽉 잡아
더 가까이 붙어서는 거야
스쳐 지나감도
한 일생과 만나는 거랬잖아

넓은 강폭을 띄엄띄엄 건너지른
돌다리를 반쯤 건너다, 돌에
붙어버린 여자

내가 너를 바라본다는 건
너의 영혼에게 노크를 하는 거고
네가 나를 바라보는 건
문을 열어놓았다는 거야

어둠에 말려든 그림자가
너의 오른쪽을 꽉 틀어잡고 있네
비켜설 수 없는 징검다리에서

강원도 삼척 출생
'문파문학'으로 등단(2008)
시집 『잠깐 다녀올게』 『거기』 출간

## 플라스마

오늘
우리는 아타카마\*로 간다

붉은 새 떼를 방출한 아타카마에서
고요가
깊은 우물 같은 하늘을 보려고

창조 때부터 있었다는
바람이 살아가는 거기

바다가 남겼다는 순백의
눈물들을 보려고

그리움이
가장 아플 때 떠난 그림자 위로
붉은 새 떼처럼 날아오를 때

우리라는 단어쯤은
분자까지 증발되는 붉은 사막으로

사막이 사막을 낳은 아타카마에 산다는
붉은 새 떼를 보려고

\*칠레 서북부에 있는 세계에서 가장 건조한
사막지대(소금사막)

# 정정근

## 플라스틱

그대 알던 처음은
달빛 아래 순일한 박꽃이었네
쑥부쟁이 꽃무늬였다가
대숲 적시는 이슬비도 되었네
폭압보다 무서운 반세기
흑공단 머리카락 명주실 되며
닳지도
굻지도
해지지도
잘근잘근 씹히지도
찢어지지도 않는 괴물 됐지만
두루춘풍 건재하네.

'시대문학'으로 등단(1999)
시집 『숨은 그림들』 『나도감나무』 『이즘도의 아침』 등 출간

## 옛집

내 꿈과 설렘 고이던
익은 듯 낯선 집 마루에 걸터앉아
여기저기 둘러본다
여러 해 전 작고하신
엄한 듯 자상하던 선친先親
정 많고 순박하던 선비先妣
왁자지껄 재재거리던 동기간들이
얼비치다 사라진다

푸성귀 자라던 마당은
시멘트로 덮여있고
아버지와 오빠가 등목하던 두레박우물은
수도로 바뀌었고
빨간 별꽃 수놓던 검정송판 울타리는
잿빛 블로크 담이 된
충주시 지현동○○○번지
정든 집
늙은 집
침묵의 집

마당을 나오다 돌아보니
다락방 들창문 안에서 단발머리가
배시시 웃는다.

# 정태호

## 광화문 봄날

함성으로 다가왔던 친구 같았던 봄날이
이제는 나이가 들어 제 소견대로 행하고 있었다.
부끄럽던 시절도 지난 듯
바람이 숭숭 뚫려 새어나오는 꽃잎들 사이
숨었던 진실이 서걱대고 있는데
봄비는 허물을 벗듯
꽃들의 옷을 벗기고 있다.

여름인 양 계절은 스스로를 숨기려 따사로웠다가
한켠에서 설익은 초겨울 잔상으로 떨고 있는데
꽃비가 무심하게 꼬리를 감춘 여우가 되어
사건의 지평선 너머로 달아나고 있다.

희망은 기다림의 시간 속에 머문 먼지가 되어
뇌리에서 사라지더라도
이 곳 저 곳에서 생명들의 아우성으로 울림이 되지만
이념의 블랙 홀은 아무리 커도
가상망원경에도 잡히지 않고 그냥
진리는 고사하고 진실은 역사에 맡긴 척
그림자만 남기는 구멍이 된다.

'시와 의식'으로 등단(1987)
시집 『풀은 누워야 산다』 『창세기』 등 6권
수필집 『무지의 소치로소이다』 출간
한국비평가협회 작가상 수상

# 창세기 23

너는 아느냐?
내가 너를 사랑하기까지
얼마나 실패하였는지를

너는 아느냐?
내가 너를 사랑하기까지
얼마나 분노하였는지를

너는 아느냐?
내가 너를 사랑하기까지
얼마나 슬퍼했는지를

너는 아느냐?
내가 너를 사랑하기까지
얼마나 긍휼로 아파했는지를

너는 아느냐?
내가 너를 사랑하기까지
얼마나 아픔을 참았는지를

너는 아느냐?
내가 너를 사랑하여서
얼마나 기뻐하였는지를

# 정하선

## 하루는 왜 이리 길고

하루는 왜 이리 길고
세월은 왜 이리 짧은가
아침에 일어난 지가 까마득한데
한 평생이 어제 같구나
칠십을 넘으니

돌아보면
젊었을 때에는
하루가 노루꼬리였고
세월이 뱀보다 더 징그럽게 길었는데
세월이 새끼사리보다 더 길었었는데

하루는 왜 이리 길고
세월은 왜 이리 짧은가

전남 고흥 출생
'월간문학'으로 등단
시집 『재회』, 『한오백년』, 『그리움도 행복입니다』 등
동시집 『무지개자장면』, 『도깨비바늘』 등 출간
방촌문학상, 시조문학 작가상 등 수상

## 밥풀

밥풀 하나가
목구멍으로 넘어가며 생각한다
일 년 내내 나를 위해 비는
얼마나 내릴 것인가를 고민하였을 것이고
바람은 얼마만큼 불어야 할까
고민하였을 것이고
구름은 얼마만큼 볕을 내려 보내야 할까
고민하였을 것이고

# 정호영

## 양수역 역전식당

양수역 앞 간이식당
상행 두 번 하행 한 번
느티나무 늘어진 그늘막에
완행열차, 헐떡거리며 땀 식히던 곳
하루 해가 졸고 있던 곳

탁자 세 개에 방 한 칸
휑하니 비인 광장 같은 탁자에서
돼지 창자 몇 점과 찌그러진 주전자
덩그머니 앉아 기다리던 곳

토박이도 낯선 이도
제 갈 길로 떠나가고
외다리 의자 같은 다리로
긴 생을 건너 온 한 사내
마른 검불처럼 앉아 있던 곳
그를 꽃잎처럼 보낸 한 여인이

추적추적 내리는 낙숫물 소리에
이곳 두물머리 황토 물목에서
연꽃으로 피어오르는 구름 한 점
세차게 내리는 빗줄기가
옆구리를 치고 간다

한림대 평생교육원 시창작 과정 수료
문예지 '미지산' 공모 시 최우수상(2015)
월간 시 제2회 '추천시인상' 당선(2015)

## 길 위의 풍장

삶과 죽음은 길이가 같다

해를 먹은 까마귀떼처럼 갈대숲에 내리는 산 구름꽃 하나 그 그림자 틈새로 노을이 진다 별빛이 기웃거리고 달빛에 바람이 부서진다

멀리 첨탑의 종소리가 내 안 혈맥의 동굴에 촛불을 켠다

한 줄기 소나기 양철지붕에서 울 때 잠들었던 골목 길게 기지개를 켠다 마음은 흙먼지처럼 바람에 흩어지고 몸속으로 흘러든 통증 한 점 블랙홀이 된다 생각들이 느릿한 리듬으로 서성거리다가 내 안의 비밀을 토해내듯 바람의 길이 된다

서로 몸 비벼 울리는 푸른 종소리 먼 곳은 더욱 가까워지고 가까운 곳은 우주 끝에서 들려오는 소리 시계의 초침소리처럼 윤곽은 더욱 또렷해진다 대지에 수많은 길들이 생겨나고 골목길에 바람이 지나간다 모서리마다 불시착한 시詩가 암호처럼 흔들리고 있다

세상의 길들은 제 몸 바꾸면서 어디로 가고 있는가 좁은 골목길에 바람이 분주하다

# 조갑조

## 신호등

차갑고 어두운 것을 떠나보내면서
머리 아픈 추상화 한 점
그 속에 낯익은 얼굴이 나를 응시한다

그림에 담겨 있는 혈액주사 비닐팩

낡은 레코드판을 다시 돌리는 느낌이다
오래 듣다가 멈추다가,

빨간 비닐팩에
너와 나의 약속을 얹어 두었지

너는 거칠게 손사래만 보냈고.

살아 움직이는 빨간 비닐팩의 환상이
밤마다 밤마다 헤엄쳐 꿈속에 닿겠지

나는 한 발짝 한 발짝 신호등이 바뀌는 대로
오래오래 걷다가 멈추곤 한다

기다릴게.

계간 '문예운동'으로 등단(2011)
시집 『달개비 보랏빛도 그리웠다』 『까만 창틀의 선물』 출간

## 나만의 연주

그대가 뚜벅뚜벅 걸어오고 있을 서녘하늘을 바라본다

햇살이 목 치켜세우는 창가
시간이 흔들린다
석양이 온 몸으로 내리고 꼬리까지 밟혀도
오지 않는 그대를 기다리는 중

기다리는 동안 나만의 콘서트를 열어야지.

노을 속에 버물려진 한 줄의 시어를 찾아가는
서녘하늘에 신발 끄는 이 흥분에 두 귀를 쫑긋
볼펜이 지휘봉이 되고 시어들이 악기를 연주한다

시어詩語들의 커튼콜로 이어지는 아무런 색깔도 없는 이 콘서트.

앵 - 콜 !
앵 - 콜 !

노을을 흠뻑 뒤집어 쓴 한 편의 시, 그대가 걸어온다

# 조명제

## 이 시집들

이 작은 시집들,
나와 함께 같은 집
같은 방에서 피붙이같이
호흡해 온, 앉은뱅이 책꽂이의
이 가지런한 시집들,
책장을 펼치지 않아도
정겹고, 정 들어 이쁘고, 날마다
내 영혼을 뒤적이는
이 불온하고 착한 시집들,
시가 시를 모르듯 시집은 시집을 모른다.
시간의 더께에 눈 내리고
기호들의 추억, 연애와
풍경이 쌓이고 있다. 멀리 세상 밖
침묵의 신(神)과 내통한 절명의
시인도 더불어 모두 살아서
가난한 내 집 내 방에
천막 치고 시의 술판을 벌이는
이 시집들,

1985년 월간 '시문학'시 추천완료(1985)
계간 '예술계' 문학비평 부문 신인상 당선
중앙문학 대상, 미산 올곧문예상, 시문학상 등 수상
시집 『고비에서 타클라마칸 사막까지』『오스트랄로피테쿠스의 노래』
문학비평집 『한국 현대시의 정신논리』『윤동주의 마음을 읽다』 등
현 계간 '문예운동' 주간

## 잡담
―흔하고 식상한

까맣게
잊고 있었다.

반지하방 눈높이의 뒷들창으로 보이는
안집 파란 잔디마당을
통, 통, 통, 뛰어오는 한 마리
참새!

그렇지,
그렇지, 세상에
참새가 있었지
봤대도 무심코 지나쳤을.

고향집 고향 마을에서는
언제나 함께 살았던
그 흔해빠진 참새
삼십 년 만에, 고마운
눈물이 핑~ 돌다.

참한 부인과 함께
마당의 잡초를 뜯어먹고 사는
원주의 K시인,
흔한 것이 귀한 것이다
질투나는 말씀했다. 허름한
기와집 이름도 불편당不便堂이라
거친 판때기에 쓴 게 보였지.
안 어울릴 듯 어울리는
슬기로운 부부의 맛깔나는 잡초

요리

식상食傷한 것이 가장 중요한 겁니다.
뭔 씨나락 까먹는 소리여?
걸핏하면 식상하다고
폄훼하기 좋아하는 시인들이여,
사사로이 요일 장소 정해 놓고
점심식사 후 강의 없는 이들 모여
차 마시고, 자유로이 토론하는 집담회集談會를 만들었던
중앙대학교 인문학부 교수들

하루는 철학자같이 보이지도 않는,
담배와 바둑을 엄청 좋아하는,
그 후리한 철학 교수가 잡담을 풀어 놓았지.
아, 그가 하는 담론 가운데
머리 때리는 그 말,
식상한 것이 가장 중요한 것입니다.

저녁 밥상을 차리는
삼십 년 넘게 같이 살아온 아내의
뒤태가 그리워 보이는 저녁,
방법까지 식상해선 안 되겠지?

# 조명현

## 아장아장

돈 벌고 먹고 사느라
그만 잊고 있었네

어머니의 주름진 손
천국에 계신 아버지 냄새

아장아장
가슴이 아려온다

아장아장
코끝에 맴도는 눈물

핸드크림이라도 발라드려야지
새벽기도로 천국의 향기를 느껴야지

아장아장, 제가 지킵니다
아장아장, 제게 업히세요

청강문화산업대학 뮤지컬 전공
월간 시 제8회 '청년시인상' 당선(2019)
공저시집 『내 마음에 봄을 심어줘』

존재

노동의 벌이
날 잔인하게 빨아먹을 때
난 꽃이구나, 느낀다

비빔밥 재료

나라는 밥
후회 나물
습관 고추장
중독 참기름
욕망 프라이

# 조온현

## 코스모스

그녀의 목은 사슴처럼 도도하다
목이 길어 슬프다는 푸른 목선을
햇빛이 미끄러지듯 훑어 내린다
그녀가 사냥 중 붉은 머리를 움직일 적마다
흔들리는 가슴을 사내들은 혼이 날아간 듯
그녀를 열심이 훑는다
쉬폰 부라우스는 처음부터 목선에서
늘어져 어깨 한 구석으로 흘러 내려갔다
바람도 꽃송이 사이사이 햇빛 속을 기웃거린다
꼭 낀 청바지 말장화 위에도 햇빛은 꼿꼿하다
눌러쓴 썬캡 머리위에 분홍빛 썬그라스 그녀의
카리스마를 덧씌워 부풀어 오른다
오늘은 그녀의 날이다
어떤 왕자님을 사냥해야 하나 하늘은 맑고 길은 상큼하다
바람 불 때마다 흔들거리는 붉은 머릿결
하늘거리는 것이 여자의 속옷뿐이 아니다 라고
몸짓으로 말하고 있다 가을도 어깨가 시린 듯
코스모스 붉은 숲이 바람 속에 모두 흔들거린다

월간 시제4회 '추천시인상' 당선(2015)
월간 시 '이달의 시인상' 선정
시집 『아내는 풍선껌을 아직까지 불고 있다』 출간

## 양파

물큰한 것은 찔레꽃 보다는 역시 밤꽃이다
양파의 냄새도 매큼한 것과 달콤한 이중적인 요소가 있듯
스님의 생애에 제일 궁금했던 화두는 여자의 속옷이
마지막으로 벗겨질 때 그녀는 무슨 생각을 하였을까?였다
대부분의 건강한 남자들의 궁금증 그것은 스란치마를 입는
여자에 스란과 같은 빛나는 무엇이 있을까?였다
밤마다 벗겨지는 치마속의 속치마는 양파의 겹처럼 철옹성이다
일생동안 속옷을 벗기며 살아도 아내의 속내는 알 수가 없으니
그녀의 속살 속에 숨겨진 계략은 뭘일까
살에 살을 섞어 그리움 사랑을 찾아 나서지만 사랑은 양파의
껍질 속으로 스며들어 보이지 않는다
아내는 오늘도 치마를 입고 길을 나선다
엉덩이 위로 들어난 치마선이 양파의 둥근 선 같이 햇살에 곱다
첫날밤 그녀의 속치마 속에 어떤 미래가 있었을까?
임종 전 스님의 화두가 어떤 뜻이었는지 아무도 알 수 없지만
모든 여자에게 감춰진 비밀은 남자는 알 수 없다는 것이다

# 조용철

## 장미의 사원에서 나는 죽을 것이다

일체의 허구와 일체의 우연 속에
감각만으로 세계를 본다는 건 위험한 일이다
형제여! 애인이 깊게 잠든 이 밤을 숙고하라
이 밤에 쾌락보다 침묵이 더 구체적이지 않은가
형제여 비가 오는 구나
사상의 누각에는 비가 오는구나!
밤이 오지 않으면 새벽은 없으니
불안은 항상 그림자처럼 내 앞에 서있고
긴장은 내 이마 끝에 매달려있나니
이마는 곧 나의 밥이다
나의 영토다
나의 종교다
나의 사상이다
우둔한 머리로 기하학을 복기한다는 것은 참으로 난해한 일이다
서러워라 나의 욕된 비애야 너는 얼마나 괴로운 것이냐
고로 나는 죽을 것이다
꽃이 피는 장미의 사원에서 나는 죽을 것이다
수천수만의 해방된 빛들은 세계의 끝을 향하여

서울 출생
월간 시 제16회 '추천시인상' 당선(2018)

집중된 나의 이마 위에 부드럽게 흘러내릴 것이다
나의 대상과 불온한 이마
육체란 얼마나 타당하고 견고한 껍질이냐
추억은 얼마나 비루한 것이냐
사금파리 같은 나의 이마여! 금기여 절제여
형제여 나는 본다 불의 눈을
나의 생활은 사상적이다
노동은 정치적이다
언챙이야 너의 죄 또한 얼마나 가벼운 물질이냐
독기품은 껍질은 왜 이리 두꺼운 것인가
나의 본성은 전체를 지탱한다
모든 나의 형제들이여! 모든 길은 내 이마에 있고
남루한 내 정신의 영토는 어디에 가 있는가\*
절망은 얼마나 옹졸한 것이냐
사상이 출렁이는 나의 육체여!
나의 이마여!
무한의 궁지여!


\* 이기철 시인의 지상의 양식

조은구슬

## 다시 쓰는 산국山菊 편지

가을이 무릎까지 차오르고
또 다시 산국이 피었습니다
당신은 지금도 먼 데 계시고 나는 하냥
산국 무더기를 손으로 쓸어내리다가
눈빛이 초롱초롱한 꽃송이만 골라 따다가
그만 해를 꼴깍 넘기고 말았습니다
꼭 쥔 손 안에서 땀에 절어 일그러진 산국을
물끄러미 바라보다가 꽃밭에 풀어주었습니다
서랍 속 한지봉투에 갇혀 등에 주소를
짊어진 채 한 발작도 떠나지 못하고 있는
작년 이맘 때 그 산국이 생각나서가 아닙니다
아직 한 걸음도 내딛지 못하고 있는
가슴 속 응어리가 아파서도 아닙니다
당신께서도 아시겠지만 세월이 얼마나 빠른지요.
그저 잠시, 당신이 오신 것만 같은 기분에 잠겨 있다가
정오의 햇살이 비껴나고
어스름 어둠이 덮쳤던 것입니다.
우리는 때로 망중한의 시간을 갖기 위해 애씁니다
그러다가 불현듯 떠오르는 생각에
마음을 송두리째 빼앗기거나

서울시인협회 회원, 시낭송가

갑자기 찾아 온 손님처럼 문득 지나간 일에
영혼의 불이 밝혀지면
잠깐인 듯 보낸 시간이 도깨비불처럼
하룻밤을 다 보내버린 새벽의 두근거림,
그런 날이었습니다.
이 저녁이 깊어지고 밤이 찾아오고
내일의 아침이 올 거라 생각하지 않고는
찰나의 순간이라도
이렇듯 향기로운 산국 앞에
서 있을 수는 없습니다.
그러므로 나는 이 밤의 시간에
당신 모르게 산국 한 줌 꺾었습니다.
내년 이맘 때 다시 필 산국을 꺾었습니다.

# 조장한

## 벌들의 함성

아직 설 익어
떨어질 때 멀었건만
광장 함성 벌들에 쏘여
생 밤栗 벌어지듯
속살이 다 보이는구나

가시가 있다
자존심 강했던 너
건드리지 않아도
절로 벌어져 떨어질 것이

왜 그리도 욕심을 부려
욕을 먹는가?
너도 밤栗인 것이.

충남 보령 출생
숭실대학교 공대 졸업
월간 시 제8회 '추천시인상' 당선
시집 『가끔은 가늘게』 출간

## 그대 그리고 나

가까운 듯 멀기만 하고
부딪치면 깨질 듯 하며

평행선인 듯 함께이고

빗방울이

창을 두드리며
서로 다른 생각으로
물이 되어 흐르듯

서로 다른 생각
서로 다른 소리

그래도
함께라서 고맙고
한 곳을 보고 있어 고맙고

# 조정기

## 어느 나뭇잎 에필로그

아직 푸른 잎은 더 머물게 해 주세요
소슬바람에 숨겨진 칼날 몸으로 느끼며
우듬지 처음 떠나는 날
팔랑대던 시절 몇 번이고 고개 돌려 쳐다보며
낯익은 눈빛으로 낯선 길을 간다
혼자여도 함께여도 둥글게만 살아온 삶
바람에 등 떠밀려 가는 것도
찬비에 젖어도
강물에 떠내려간다 해도
혼자서 갈지라도 홀로 가는 것은 아닐 거라며
오늘이 처음이지만
내일은 더 모르는 일

허공에 쓴 글을 해독解讀하던 노시인老詩人
바람에 밟히는 소리까지 받아 적더니
짧은 비문碑文 새기고 있네요
그냥
나이테가 되고 싶을 뿐이에요.

전남 화순 출생
방송통신대 행정학과 졸업, 전남대 평생교육원 문창과 수료
'문학춘추'로 등단(2017)

## 시간의 엮걸이를
―국립중앙박물관 다녀와서

뒷문을 열고
가도 가도 닿지 않는 시간 속으로
꼭꼭 눌러 담긴 이름표 따라
마른 압화의 몸짓
고개를 끄덕이며 간다

지축 흔들던 말발굽 소리 쪽으로
바람에 이리 눕고 저리 눕는 들풀 되어
외침外侵과 왜침倭侵에 휘둘리는 민초들의 신음
흙먼지 피 비린내 버무려지고
조각난 빗살무늬 토기처럼
밟혀 온 아픔들 곱씹는다
창도 방패도 왕관도 복식도 구리거울도
기와조각도
하얀 뼈로 누웠다
저울에 올릴 수 없는 무게들
그 틈새에
점으로 선으로 시간을 물고 있다

말간 유리 상자에 박제된 시간들
거친 바람 할퀴고 있다

# 지은경

## 내 고향은요

난, 고향이 어딘지 모릅니다
산이라 들은 것 같기도 하고
바다라 기억되기도 합니다

풀꽃으로 태어난 나는
산에서 뿌리를 배우고
바다에서 하늘을 배웠습니다

해마다 수많은 풀꽃들은
꽃을 피워내며
평화를 노래 부릅니다

고향이 어디냐고 또 물으신다면
내 고향은 대한민국이요 지구촌이요
꽃 피울 수 있는 곳은 모두 고향입니다

시인, 문학평론가, 문학박사
월간 '신문예' 발행인
황진이문학상, 자유시인협회상 등 다수 수상
시집 『숲의 침묵 읽기』 등 12권
평론집 『의식의 흐름과 그 모순의 해법』
칼럼집 『알고 계십니까』 등 저서 30여 권

## 노래여 노래여

"죽지 말고 잘 살아야 한다"
강가에 나와 강물을 들여다보며
방생한 내 분신의 이름을 불러본다
하늘 한번 쳐다보며
훨훨 날아가 잘 살아야 할 텐데…
지금 어디에서 무얼 하고 있을까
궁금하고 걱정이 되어
날개 달아준 네 이름 불러본다

시집갈 때, 어머니
내 두 손을 꼭 잡고 하신 말씀
"가서 잘 살아야 한다"
살아보지도 않고 눈물만 흘리던 난
지금 눈물 같은 시를 쓰며 살고 있다
내 분신, 내 시詩들아!
어디에 있던 죽지 말고 꼭 살아서
누군가의 눈물을 닦아 주는
노래가 되어야 한다

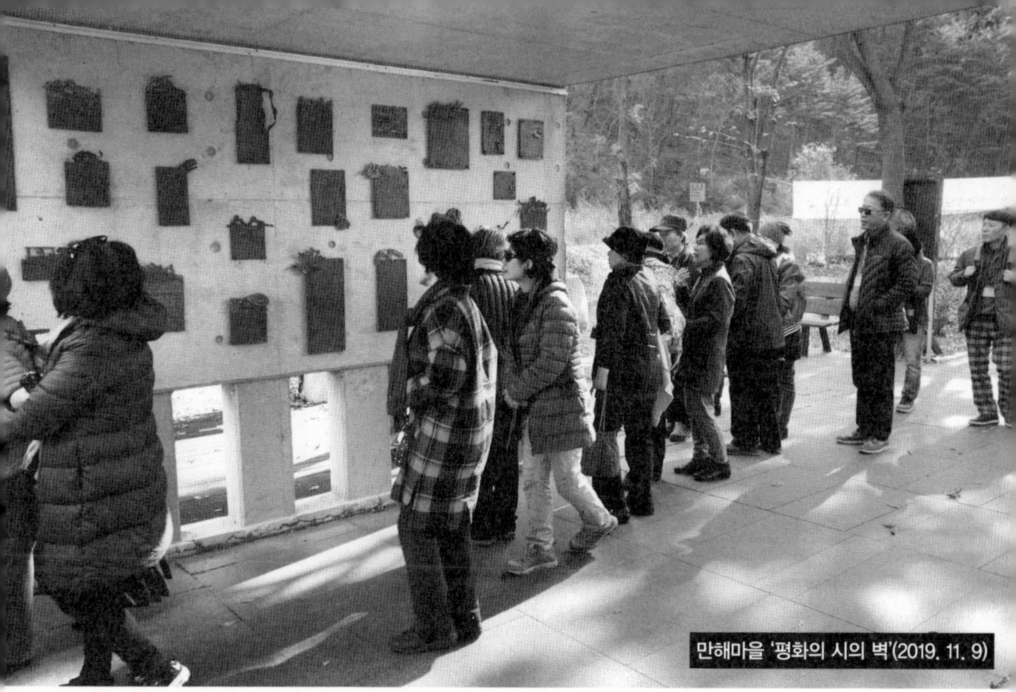

만해마을 '평화의 시의 벽'(2019. 11. 9)

# ㅊ

차 · 천 · 최

차행득

### 한낮의 적막

시작도 없고 끝도 없는 길 위
사랑이 스쳐간 거리에서 더듬거리는 침묵

흔들리던 풀꽃들이 시를 왼다
그가 그리도 자책하며 써내려가던
쉽게 씌어진 시를 외고
하늘과 바람과 별과 그리고 그의 모든 시가
생피 돌 듯 내 몸속을 돌고 돌아
살 터지는 소리로 다가온다
수년간 잠든 피톨들이 다시 살아 움찔거리고
잠들었던 시들이 깨어나
길 위에 흩날려 햇살 바른 허공을 가득 메운다

푸른 이내가 자욱이 밀려오는 명동촌 이 거리에
내 마음 한껏 부려놓고
골똘히 불러보는 애인 같은 시인 윤동주 -

전남 완도 출생
2015 월간시 제1회 '추천시인상' 당선, 등단
시집 『그 남자의 국화빵』 출간

# 차현주

## 엄마의 돋보기

돋보기를 끼는 엄마는
어쩌면 세상을
어쩌면 더 가깝게 자세히 보고 싶은 건지도 모른다는 생각이 들었다.

어제도, 오늘도
그리고 내일도 당연히 주어질 거라고 믿는 그 하루를
과월호 잡지의 페이지를 뭉태기로 심드렁하게 넘기듯,
인생을 속독하고 싶어하던 시절을 지나고

작은 글자도 한 자 한 자 읽는 엄마는
나처럼 글을 좋아하던 엄마는
절인 배추 한 장 한 장 속을 채우듯
하루를 꽉꽉 채우고 싶어서

눈썹 사이 내 川<sup>천</sup>자가 새겨지도록
인상을 쓰고서
하루를 들여다보는 건지도 모르겠다.

월간 시 제7회 '청년시인상' 당선(2019)

## 타인의 시선

네 눈에 비친 나를 나라고 믿었던 시간은
네 각막이 찢어지고 벗겨져 예리한 유리가 되어 나를 난도질하고 나서야 지워졌다.

네 안에서 나를 찾다 지친 나는 거울을 찾곤 했다.
그때마다 내가 찾아간 나는 등을 돌리고 섰었다.
목 언저리의 뒷단추는 감정 없는 시선처럼 나를 비웃고 있었다.

어느 날 너의 눈에 내가 더 이상 없음을 알게 됐을 때
거울 앞에
섰다.
마지막이다.

거울 속의 나는 꿈쩍도 않고 내게 등을 보였다.
늘 그랬듯.

어쩌면 내게 등 돌린건 네가 아니라 나였음을 그날 깨달은 건 축복이었을까.
나는 나를 늘 찾았지만
그런 날 안아주지 않았던 건,
완벽한 타인
네가 아니라 나였다.

# 천영희

## 조그만 행복

삼시세끼 상차림 버거운 날이면
허기를 앞세워 고등어구이집을 간다

정갈한 밥상 위
쪽빛 바다 내음

김, 다시마, 톳에 곁들인 갈치 속젓
깻잎에 돌돌 말아 베어문 오감의 만족감

반쪽 남긴 고등어구이
쿠킹호일로 포장해 내미는 주인 아지매의
정겨운 인심

실버타운 유혹에 도리질하며
조그만 행복에 젖어본다

전남 나주 출생
한국생산성본부와 전남 무안 해광중학교 근무
종합계간지 '포스트모던' 신인상으로 등단(2015)
시집 『내 시는 연둣빛』 출간

## 사투리

서울생활 반백 년
지금도 거머리처럼
혀끝에 붙어다니는 사투리
교양 없다고 핀잔을 받지만
태생을 속일 생각은 없다

아랫녘
초록 들판 출렁이는 바람소리에
밭두렁 청보리 익어가고
여물통 워낭소리 장닭 홰치는 소리에
초가지붕 박꽃은 수줍게 피어난다

소나기에 질척이는 고샅길 뛰어다니며
더위 식히던 여름날
울타리 아래 분꽃 채송화 벙글거리고
장독대 옆 텃밭엔 지린내 받아 먹으며
상추 쑥갓 호박넝쿨이 쑥쑥 자란다

야생의 잡초처럼 한데 어우러져 키워낸
정겹고 구수한 고향 사투리

"오매 쩌어그 기뚝에 냉갈 난당께"

노을빛에 누룽지가 익어가고 있다

# 최금녀

## 서쪽을 보다

남편은 늘 동쪽 벽에 기대어 앉는다
서쪽 벽을 보고 있다

밥을 먹을 때에도
액자 속 인물들은 표정을 바꿀 생각이 없다

40년 된 소철은
알프스의 소방울 소리에도 놀라지 않는다

반가운 적이 없는 기억들이
꽃 진 화분에서 기어 나와 틈새를 찾아다닌다

르누아르의 여자는
그림 속에서도 영양제 같은 시를 쓴다

명품 웨지우드가
정장차림으로 날씨를 읽는 중

쓰다 남은 말들은 냉장고에 넣어두고
아직은 유언을 말하지 않았다

서쪽 벽은 대답이 없다
망설이는 중이다.

계간 '문예운동'으로 등단(1998)
시집 『바람에게 밥 사주고 싶다』 등 7권
시선집 『한 줄, 혹은 두 줄』 『최금녀의 시와 시세계』
펜문학상, 현대시인상, 한국여성문학상 등 수상

## 버리지 않는 것들

버려야 할 것은 꼭 버려야 한다고
프랑스에서
향수 대신 한 가방 챙겨온
오래된 그 책을 버린다

사랑이라고 이름 붙인 그 책 한 권도 버린다

고흐를 사랑했다
대낮이라도 상관없다
지하실
그 빗금을 사랑한 기억
이사 다닐 때 마다 안고 온
주황색과 검은 색의 고흐를
버리지 않는다

프랑스여 안녕

사랑이여 안녕

고흐가 폐지 속으로 가고 있다
버려진 빗금에게
버려진 입술에게
가만히 중얼거린다
버리지 않을 것이라고

안녕 고흐

# 최신애

## 장마

시는
장마다

비가 왈칵 쏟아진다

엎어진 양은냄비
위에 내려
울컥이는 소리

빈 하늘 그늘로
후두둑 소리

이파리가 다닥이며
비를 만진다

우리가 아는 말
시가 쏟아지는
장마다

경북 의성 출생
영남대학교 졸업
'영남문학' 시 부문 시인상 수상(2016)
월간 시 제6회 '청년시인상' 당선(2019)

## 풍경

아이들이 돌아가고
느슨해진 공기
헐거운 교실 문

구석에 떨어진 웃음소리
단추처럼 줍는다

서툴게 쌓은 신문처럼
접힌 땀 냄새
살갑게 묻어 있고

고개 들면
산 넘다 남은 볕
먼지와 바람, 날파리와 거미
이른 저녁 입구에
별처럼 걸려 있다.

# 최완구

## 원대리 자작나무숲

자작 자작
오늘도 그대를 기다리며 먼발치로
사랑을 한 자락 키웠습니다.

그리움의 성장은 끝이 없기에
하늘과 맞닿은
발등 아래 까마득히 내려다보이는
기다림의 나날들이
저렇듯 아스라이 아득하여졌습니다.

헤아릴 수 없는 계절들 수피에 써 내려간
연서에 답장을 고대하며

별빛 담은 까아만 어둠이 내리는 밤
혹여 오시는 길 헤매이실까
하얗게
하얗게
등불 밝히듯 옷을 지어 입었습니다.

충남 예산 출생
월간 시 제12회 '추천시인상' 당선(2017)

# 시인

기사 한 면에
시인이 가난한 직업 1위라네요
시인은 되지 말아야겠어요

삶을 위로하고
삶을 위로받으며
눈물 나도록 벅차오르는
한 구절의 시구로 절망에서 희망으로
미움에서 사랑으로
평소 지나치는 소소한 것들을
유심히 한 번 더 보게 만들고
사물에 감춰진 순박한 사유를 끄집어내어
사람들의 성품을 순화시켜주고
세상을 따스하게 보듬고
사람들의 마음을 정화해주는 사람
나도 모르게 시인이 되었습니다

고되고 힘겨운 삶을 이겨낼 수 있고
서툴게 써 내려간 한 줄 한 줄에
나뭇잎 물들고 꽃이 피고

배가 고플까 봐
처자식 세상에 상처로 아플까 봐
완전한 시인은 못 되었어요

내가 보기엔 시인이 세상에서 제일 부자 같은데
세상의 잣대는 물질로 구별합니다

오늘도 가난한 시를 써 봅니다

이 순간만은
누구보다 행복하고 풍요롭고
마음 한 구석에 기쁨이 전율로 밀려옵니다

# 최운탁

## 하수오 박주가리 나팔꽃

이리 보고 저리 봐도 비슷하다
줄기를 봐도 잎을 봐도
뿌리를 들여다보지 않고는
도무지 알 수 없는 저 난해한 모습

비슷한 것을
같은 것이라고 여겼을 내 눈
비슷한 것은 전혀 다른 것임을
알아차리지 못 한 내 마음

중심이 중심을 잃고
중심이 남의 것을 기웃기웃할 때
줄기도 닮아가고
잎도 닮아가고

뿌리만이 그래도
꼿꼿하게 중심을 받치느라
허우적허우적 힘든 길을 걷고 있다

경북 청도 출생
월간 시 제10회 '추천시인상' 당선(2016)
관세청 행정사무관, 경남 교육행정직 역임

## 차표를 사는 시간 동안

어디로 간다고 차표를 산다

거기에 무엇을 하러 간다고
예정된 관념의 약속을 안고
지갑 속에 고이 간직한 지폐처럼
나를 나 안으로 가두어 놓았던 길을 떠나
나를 나 밖으로 내어 놓는다

무언가 다른 세상이 나를 기다린다고
알 수 없는 그 길을
첫사랑 품어 안은 가슴으로
복사꽃 벅차오르는 희열이
차표에 가득히 여울져 흐른다

## 최유미

### 단풍

손은 노란색으로
발은 주황색으로
서서히 물들었어요

빨갛게 빨갛게
세상에서 가장 이쁜 색을 내듯
살랑거렸어요

영원할 것 같은 이 순간
내 몸은 떨어졌고
뿌리로 스며들었어요

끝은 끝이 아니었어요
가장 아름다운 모습으로
나무를 타고 올라갔지요

겨울이 지나고
따뜻한 봄이 오면
난 연두색 아기로
다시 태어날 거예요

경기도 평택 출생
월간 시 제25회 '추천시인상' 당선(2019)
현재 관세사무소 실장

나의 미소가
주름으로 새겨져도
난 웃는 게 좋다


너의 얼굴엔 미소만 있구나
아픔도 없고
걱정도 근심도 없단다

먹을 것 하나에
가장 행복한 표정을 할 수 있는 너는
잘 익은 복숭아꽃처럼 곱구나

미움은 어디다 두었기에
눈을 동그랗게 뜨고 바라봐도
웃고만 있는 거니
곶감이 있는 장소를
알고 있는 거니

너의 미소가 주름으로 새겨져도
난 네가 웃는 게 좋다

# 최윤미

## 나의 순기능 행복

내 가슴 가득 안을 수 있고

내 눈 가득 담을 수 있어서
두 손 함께 잡을 수 있어서

그렇게 넉넉한 품을 가지려면
얼마나 더 견뎌야 하는지

사는 일에 지친 날이면
나는 숲으로 가지

어디든 자리를 잡고 앉아
나무를 바라본다

여기서부터 나는 행복하다

월간 시 제21회 '추천시인상' 당선(2019)
현재 NC프로그래머

## 바탕화면

모눈종이 위에 원점을 그린다
X축 값과 Y축 값도 그리고
상대 값에 형상물을 거리만큼 값을 입력하지

물론 두려움은 기본값이다
움직여라
움직여라 아이야

너는 금성
나는 화성에

이 모든 건 내가 낯선 행성에
불시착했기 때문이 아닐까 하고
노트북 커서는 깜박깜박
붉은 점등은 초기화가 되고
익숙한 음악 소리와 함께
바탕화면은
푸른 초원이 펼쳐져 있구나

아이야 생각한단다
늘 그곳에 있을 거라고

# 최진영

## 겨울

나는 매일 삶과 죽음의 경계로 출근한다
삶이란 지옥의 계단을 밟으며
죽음이란 천국을 고대하는 영혼들
신께 드리는 신음의 송가

나는 매일 사선을 넘나들며 일을 한다
태어나고 죽는 것이 공존하는 곳에서
끊임없이 순환되는 삶의 계절을 느낀다

오늘은 조금 싸늘하다

서울 홍제동 출생
월간 시 제3회 '청년시인상' 당선(2018)
공저시집 『남이 되어가는, 우리』
장르소설 『영혼이 보이기 시작했다』
강북 삼성병원 근무

# 시

이건 시고 저건 시가 아니야? 은유가 있어야 시고 없으면 시가 아니라고? 그럼 예수님은 시인이야? 한글 막 깨우친 할머니들이 쓴 시는 시가 아니라며 딴죽 건 문단 선배 그 선배는 시인이야? 약력이 똥통처럼 가득 차야 시인인가? 배가 불러야 시인이야? 유명한 시팔이는 시인이 아니야? 왜 시인이 아니야? 그 친구보다 시집 더 판 사람 있어? 남들이 시인이라고 불러주면 시인 아니야? 등단해야만 시인이야? 시골에 꽃 같은 아이들이나 장수한 노인의 입에서 쏟아지는 진리는 시가 안 되나? 읽히지도 않는 시 쓰면서 시인이야? 뭐가 시야? 시들지 않는 시 쓰면 시인 아니야? 내가 쓰고 있는 건 시야? 시 아니야? 내가 시라고 하면 시 아니야? 시 아니라고 하면 시가 아니게 되나? 시비 거는 시인은 시비나 만들어주자고. 살아있어도 뭐 어때, 요즘 트렌드던데.

# 최혜순

## 나들이

인사동 좁은 골목 어디쯤에
목단꽃 코사지를 가슴에 달았네

해묵은 지병같이 화사함을 숨겨도
비죽이 손 내미는 열정으로 가슴을 내밀고

때로는 환장하듯 탐하는 저 붉은 목단꽃을
어이없게도 부끄러움으로 매달고

용감하게도 왼 가슴에
꽃잎을 넣어 드리우고

숨바꼭질할 시간도
그리워할 바도 없이

나들이를 시작했네
아무 거리낌도 없이.

강원도 강릉 출생
숙명여대 국문학과 졸업
'시대문학'으로 등단(1996)
시집 『꽃비늘 날던 날의 기억』 『잠시 별빛이던 것들』
『어느 가슴인들 시리지 않으랴』 출간
'시대 시' 동인

## 숨소리

바람이 불면
등이 가렵다
외로움에 지쳐서

돌도 운다
혼자선 속 깊은 얘기를
꺼낼 수 없으니

대숲에선
그들만의 얘기
전설로 쟁여간다

살아내는 소리
한 모금씩 간절하다
한 무릎씩 낮아진다

가을시인학교 개교식(2019. 10. 4)

ㅎ

하·한·허·홍·황

# 하수현

## 돌아올 수 없는 강

갔네 그렇게 갔네
내 아직도 잘 믿어지지 않는데
가족들은 그렇게 떠나갔다네

떠난 그들이 지금
어떻게 지내는지 알 수도 없네
떠난 자들은 남은 자들에게
지금 아무런 말도 해줄 수 없고
돌아올 수도 없다네

그들이 간 곳과 본 것에 대해
내게 말해줄 자도 없으리
다만, 누구나 가야 하는 것이기에
나 또한 언젠가는 가리니

경북 포항 출생
동국대학교 법학과 졸업
월간 '한국문학'으로 등단(1985)
시집 「나의 연인은 레몬 향기가 난다」
장시 「올리브나무」「겨울 나그네」 발표
중봉문학상, 김만중문학상, 경북예술상, 수주문학상 등 다수 수상

## 우리들 가까이에 있는 유령들

달수라는 이름을 가진 어린 삼촌이
내가 태어나기도 전에 죽었다
할아버지는 삼촌의 사망신고를 마을 이장에게 맡겼는데
나중에야 보니 죽은 삼촌의 이름은 그대로 있고
퍼렇게 살아있는
광수라는 삼촌이 죽은 것으로 되어 있었다
일을 망친 사람이 할아버지인지 마을 이장인지,
아니면 면서기面書記인지 당최 알 수 없어
책임을 추궁하기도 어려웠고, 결국
그 피해의 그림자는 가족들이 다 덮어쓰게 되었다
죽은 삼촌은 자신의 이름을 잘 보관해 둔 채
살아있는 삼촌의 이름을 가져가버렸으니
할 수 없이 광수삼촌도 죽은 삼촌의 이름을 물려받아
속이 까맣게 탄 채 한 세상 불편하게 살아왔다

면사무소 책상 위에서 누가 죽었는지
세상 사람들은 어차피 모르는 일,
두 삼촌은 서로의 운명을 바꿔치기한 유령들이다
광수삼촌은 지금껏 자신의 생生을 살아왔는지,
아니면 죽은 삼촌의 생을 대신 살아주었는지도 모호하다
이제 칠순을 넘긴 광수삼촌이
그리 멀지 않은 때에 지상을 떠나간다면
그때는 옛날에 죽은 삼촌의 이름을 지워야 하니
마침내 기나긴 그 유령극도 종연終演되겠지
오래전에 죽은 삼촌은 그때서야 비로소
정식으로 죽는 것이 되고, 비록 이름이 먼저 죽었어도
지금까지 생을 정식으로 살아온 광수삼촌에게
이런 불편한 기록들은 참 가혹한 것이었다

# 하옥이

## 무인도에서

서로가 서로에게
벽을 세운 도시를 벗어나
어두운 가슴에 불 밝히는

그 무엇이 되어
점 점 점 커져만 가는
네가 있어 존재하는 나

너에게 와서 너를
뭐라 불러야 할지 모르지만
이름은 한낱 허울뿐이 아닌가

한 외로움이
한 외로움을 만나
저절로 완성되어지는 섬

아픔은 아픔끼리
눈 맞추며
시간의 집을 짓는….

시집 『숨겨진 밤』 등 다수
KBS FM 위촉 작품 「별이 내리는 강 언덕」 등 다수
가곡집과 음반 독집 『내 영혼 깊은 곳에』 등 다수
현 월간 '신문예' 주간, 도서출판 '책나라' 대표
한국가곡작사가협회 회장

## 외로운 손

표류자들이 살아가는
전설에 나오는
인도네시아의 코모도 섬에서
이현령비현령의 세상
그 세상 붙잡지 못한 손이
바위틈에 자라난
어린 나뭇가지를 붙잡고
숨차게 절정을 향해 기어오른다
손을 할퀴며 무릎 부딪치며
기어오르는 등 뒤로 바람소리
어둠의 짐승소리 컹컹 몰아치는데
아차, 손 놓으면 죽는다고
천길 낭떠러지 위에
영생의 열매 따먹으려고
아직도 버둥대며
혼자 오르고 있는….

# 한상호

## 히말라야 나무들이 기특하다
### -샹그릴라 가는 길

히말라야 산맥 동쪽 끝단
석회암질의 하바설산 급경사 산자락에는
해발 이천사백 미터만 넘어도
나무들이 기특하다

줄기의 높이보다는 뿌리 깊이에
잎의 크기보다는 그 두께에
마음 쓰며 산다는 것인데

제 갈증 풀어버리려
아랫마을 이웃이 먹을 물에 손댈까
저를 가두며 가둬가며
살고 있다 하네

월간 '문학세계' 시 부문 신인상(2016)
'시와 시학' 신춘문예 당선(2017)
시집 『아버지 발톱을 깎으며』 『단풍 물들 나이에야 알았다』
제3회 '아시아 시인상' 수상(중국, 2019)

# 육시
-보시론普施論 1

재물로써 베푸는 재시財施
진리를 전하는 법시法施
두려움 벗겨주는 무외시無畏施가 좋다 해도

외딴 섬들 둥둥한 이 세상

보시 중 으뜸은
육시肉施이니라
제 몸 살러 남 살리는
몸보시이니라

# 한성우

## 무지개

심술쟁이 소나기
괜히 나뭇잎 풀잎에게
빗줄기 호통치고
돌아가는 길에
괜히 미안해져서
예쁜 무지개 하나
뒷산에 걸어두고 갔나보다

더워서 짜증난 소나기가 괜히 신경질이야
그치? 오빠

'대한문학세계' 등단(2017)
인스타그램, 네이버밴드, 페이스북 중심으로 창작활동 중

## 이별 후에

약속 없는 시간
나홀로 찾은 그 곳에서 이별을 셈 해 봅니다
마른 입술에 그 이름 지워내고
젖은 눈망울에 비친 그 얼굴 닦아내렵니다
오늘은 꼭
그 이름 그 얼굴 여기에 두고 가렵니다.
괜찮아요

돌아서면 언제나 우린 혼자였으니까요

# 한승욱

## 봄의 소리

한줌의
겨울바람을 등에 업고
엄동설한에 얼어붙은 산기슭
스치는 봄바람 소리에
골짜기 옹달샘은 녹아내리는데
새순이 움트고 아지랑이와 새소리가
봄을 부르고 있습니다.

동국대행정대학원 수료
현 '서울문학' 발행인

### 가을의 소리

무더운
한여름의 짙은 푸르름은
차츰 빛을 잃어갑니다

장미꽃
붉게 타던 돌담길에는
서늘한 가을빛이
어른거리고 있습니다

너른 들녘에
허수아비 활짝 웃는
만추의 소리 들립니다

# 허문영

## 바람박물관

바람도 유물이 되었다. 삼국 시대 바람도 있고 고려와 조선시대의 바람도 전시되어 있다. 바람은 전시할 만했다. 어떤 바람은 깃발을 들고 또 어떤 바람은 장옷을 입었다. 역사의 골목이나 격랑의 바다를 쏘다닌 바람들이 이곳에 와서 곱게 잠들어 있다. 어떤 바람은 박제가 되어 미라처럼 시간의 붕대를 감고 누워 있다. 학예 연구사들은 부서진 바람을 원상으로 복원 중이다. 바람박물관을 찾는 것은 자신을 스쳐갔던 바람을 잊지 못하기 때문이다. 다시 보고 싶기 때문이다. 바람 소리 속에는 그대의 목소리가 묻어 있다. 그대만의 냄새가 덤으로 들린다. 바람에는 사람의 지문도 찍혀 있어서 옛 바람으로 떠나간 사람을 찾아낼 수 있다. 물론 유전자 분석으로 바람을 찾을 수 있다. 사람은 사라지고 바람만 남았다. 마개가 달린 병 속에 갇혀 있는 바람도 있다. 아마도 젊은 날의 질풍노도를 일으켰던 미친 바람일 것이다. 이 세상의 모든 바람이 다 수집되어 있다. 바람박물관에 가면 은유가 보인다.

'시대문학'으로 등단(1989)
시집 『별을 삽질하다』 등 여섯 권
시선집 『시의 감옥에 갇히다』
산문집 『네 곁에 내가 있다』, 『생명을 문화로 읽다』, 『예술속의 약학』
『예술속의 파르마콘』 등
현재 강원대학교 명예교수

## 우물과 시

누구나 들여다보려고
고개를 숙이는

누구나 그리운 이름
소리쳐 불러보고 싶은

누구나 두레박 내려
한 바가지 퍼 올리고 싶은

누구나 마셔보고
이런 물맛 처음이라고 말하는

웅숭깊은 우물
메마른 가슴 속에 파보았으면

거기서 샘솟는
시 한 편 써보았으면

세상 들녘
사소한 곳이라도
조금씩 적실 수만 있다면

매일 밤 달이 되어
우물 속에 빠질 수도 있겠다.

# 허열웅

## 공짜의 슬픔

지하철에서
깜박 졸다 내릴 역을 지나쳤다
공짜로 편히 앉아서 가는 나이
얼마쯤 더 간들 어떠랴, 할 일도 없는데
종점까지 가 볼까, 적당한 곳에서 돌아올까?

인생도
한 번쯤 살고 싶은 날까지 살다가
마음대로
뒤돌아올 수 있다면 좋을 터인데
왕복표를 팔지 않으니 할 수 없다

빽빽한 자작나무 숲 같은 퇴근길
계약직의 눈꺼풀엔 피로가 걸려있고
창문에 기댄
여사원의 팽팽한 종아리엔
하루의 종종걸음이 뭉쳐 있다

공짜표가
힘든 젊은이들의 자리를 빼앗아
욕설 같은
백년百年역驛을 향해 달려가고 있다.

충남 청양 출생
중앙일보 시조백일장, '시조시학'으로 등단
시집 『눈물 꽃길』『한 쉼표 머물다 가는』 등
산문집 『빈 뜰에 떨어진 사유』 출간

## 껍질 속의 연가(戀歌)

한 톨의 곡식도
천근의 무게로 익어가는 가을
철책선 그림자 짙은 대성리 황토마당에
억새의 율동에 맞춰 콩바심을 한다
뽀오얀 메주콩이 콩콩 튀어나와
우르르 쌓이더니 서로 몸을 비벼댄다

뜨겁던 지난여름
콩깍지 속, 가로막힌 벽 사이를 두고
그리움으로 뒤채이던 날
비알 밭엔 장끼가 숨어들고
밤 깊으면 귀촉도(歸蜀道)가 울음을 토해냈다

남(南)과 북(北)을 맘대로 넘나드는 철새가
뿌려놓은 발자국이 별이 되는 하늘 아래
타작 콩 어우러지듯 남남북녀(南男北女)가
손잡고 얼굴 비빌 날 그 언제쯤 일까?

아직도 엄마 품이 그리운
초롱초롱한 눈빛의 일등병은
밤새껏
철책선 더듬으며 껍질 속의 연가(戀歌)를 부른다

# 허윤설

## 가을이 둥글다

허공에도 보이지 않는 벽이 있어
곧게 자라던 고추 고부라진다

바람에 흔들리고 흙물 튀어도
바닥을 두려워 않고
한여름 열기를 지나고 맞은 가을

세상이 단잠에 빠져도
꼿꼿하게 가는 매운 길
새끼 크는 즐거움만 있으면
무너지지 않더라는 어머니

마음처럼 곧던 등이 휘어져
곡선으로 드러난 곳을
한가위 둥근달이 비춘다

가을이 둥글다

충북 단양 출생
월간 시 제6회 '추천시인상' 당선(2016)
부천시 '문화예술발전기금' 수혜(2019)

## 백열등

상가 3층 공사하고 천장에 흐르던 물
몇 달 지난 오늘
다시 길을 찾은 걸까

크르륵 크르륵 숨 가쁜 소리
하루를 넘기지 못한다던 말 귓가에 맴돌아
연명하던 호스 빼듯
전기 스위치 내리고
열어본 전등 갓 속엔
흥건한 물이 전구 속까지 찰랑거린다

틈을 보이면 허를 찌르며
비집고 들어오는 세상
어둠을 환하게 밝히느라
빈 틈 없었는데
어느 틈으로 들어온 물이 반쯤 고여 있다

물불 가리지 않고 마지막까지
빛을 밝히던 백열등
속이 시커멓다

# 허인숙

## 네버엔딩 스토리

초저녁 서쪽하늘 초승달 떠 있다
자작나무는 초승달을 사모했다
초사흘날 머물다 떠난
달그림자를 끌어안고 울었다
지축을 흔들던 포효咆哮
달을 보며 품은 연정戀情이 가지마다 열꽃을 피웠다

가지를 뻗어 하늘을 오르고 싶었다
가지 끝으로 허공을 저었다
가지 끝에 잡힌 것은 바람의 살결
바람의 노래는 위로가 되지 않았다

초저녁 산기슭 자작나무 서 있다
초승달은 하늘아래 자작나무의 연가戀歌를 들었다
가슴은 부풀고 몸은 차올랐다
매일 모습이 변했지만 자작나무를 향한
사랑은 변함이 없었다

자작나무는 변해가는 달의 모습을 알지 못했다
달은 부푼 마음이 가라앉아 갔다
몸은 자꾸만 야위어 갔고
어느 날 어둠속에 몸을 감추었다
바람도 달을 알아보지 못했다

다시 초저녁 서쪽하늘 초승달 떠있다
하늘 아래 산기슭 자작나무 서 있다
초승달은 살포시 자작나무 어깨에 걸터 앉았다

'문예운동'으로 등단(2010)
'시와비평문학회' 회원
'두레문학' 동인

## 밤의 테라스

어둠의 숨결을 칼날이 스쳐간다
한 낮의 따스했던 조우遭遇는 봉합되고
밤하늘엔 소금 같은 일그러진 별들이 알몸을 드러낸다
테라스에 앉아 꽁무니를 흔들며 비틀거리는
하루살이의 번뇌煩惱를 읽어 본다
둥글게 원을 그리다 쓰러져 흩날리는 낙엽 같은 생生을 보다
내 삶의 언저리를 더듬어 본다
모난 데 없이 잘 다듬어진 테이블같이
널따란 가슴으로 살았을까
작지만 소박한 옹기처럼
깊은 마음의 뜰을 가꾸며 살았을까
차가운 비수匕首처럼 누군가에게 생채기를 내지는 않았을까
하루살이는 펼쳐놓은 책장 위에
더듬이를 흔들어대며 기어 다닌다
그의 삶은 어둠과 여명黎明의 간극間隙을
뛰어넘지 못하고 미명未明 속에서 흩어지겠지
다시 날아든 나방 한 마리
빛 아래서 날개를 파닥거리며 비늘가루를 털어낸다
그와 친구 되기엔 두렵다
가만 가만 책장에서 더듬이를 흔들어대는
하루살이와 다른 적대감이 느껴져 그만 책을 휘둘러
빛의 사각死角으로 쫓아버렸다
빛을 좇아 찾아드는 밤손님들
베토벤 로망스 2번 F장조는 끝이 난다
책을 덮고 밤하늘과 인사를 하고
등燈을 끄고 들어가야겠다
깊고 까만 밤이여 안녕

# 허형만

## 가랑잎처럼 가벼운 숲

숲길 누리장나무 아래
검정 상복을 입은 개미들이
참매미의 장례식을 치르고 있다
이미 여름은 끝났는데
한순간의 작렬했던 외침은
지금쯤 어느 골짜기를 흘러가고 있을까
오후 여섯 시, 햇살이 서서히 자리를 뜨는 시간
부전나비 한 마리
누구 상인가 하고 잠시 기웃거리다 떠나가고
이제 곧 가을이 깊어지리라
아무도 알아채지 못하게
숲을 끌고 가는 개미들의 행렬
숲은 가랑잎처럼 가볍다

'월간문학'에 시(1973), '아동문예'에 동시로 등단(1978)
시집 『영혼의 눈』 『가벼운 빗방울』 『황홀』 등 17권
일본어시집 『耳を葬る』
중국어시집 『許炯万詩賞析』
활판시선집 『그늘』 등 출간
한국예술상, 한국시인협회상, 영랑시문학상 등 다수 수상
현 목포대 명예교수

## 박경리

땅과 원고지는 한 형제라
바람과 햇살과 별이
언어의 집을 드나들 때마다
여인은 얼마나 눈물겨웠을까

호밋자루와 펜은 한 자매라
풀과 나비와 개미가
무릎 아래로 오종종 모여들 때
여인은 얼마나 가슴 벅찼을까

평화로운 바위에 앉아
나뭇잎처럼 내려앉은 하늘과
우주의 소리에 귀 기울이고 있는
여인은 이제 얼마나 홀가분할까.

# 허홍구

## 나와 다른 그대

그대 모습과 나의 모습이 달라도
우리는 함께 있어야 행복하겠다.

못난 내가 있어 그대가 더 빛나고
그대 있음으로 나 또한 빛나리니

나는 남과 다르지 않는 그대였고
그대 또한 다르지 않는 나입니다.

시집 『사랑하는 영혼은 행복합니다』 『잡초』 『시로 그린 인물화』 등 다수
'허홍구의 100인 100시' 인물시 연재 중

## 광화문우체국사서함

하늘나라 별나라에 주소가 있어도 소용없는 일이네
나중 나 홀로 이 땅 떠나면 자연으로 돌아갈 것이다.

내게 오는 우편물은 임시 보관하는 주소로 배달된다.
우편번호(03187) 서울 광화문우체국 사서함1075호

어느 날 갑자기 이곳의 주소를 버리고 떠나더라도
나는 자유로운 영혼으로 세상과 만날 수 있으리니.

# 홍보영

## 만해마을

사람들이 들끓고
자비와 소멸이 함께 뭉친 곳
만해 한용운님의 넋이 서리고
무산 스님의 얼이 고인 곳

정원 뜰 바위에 새겨진 찔레꽃 시는?
그리워 그리워 만나지 못함은….

왕호랑나비 한 마리
민족의 넋을 북소리에 싣고
멀리멀리 날아갔다

부처의 자비에 북적이는 중생들
애끓는 슬픔 속에 들숨 날숨

그 속에
내 울음소리도 한 세포되어
인간의 고뇌
만종에 실어
드높은 하늘에
찔레꽃 향기 날려 보낸다

'문학시대' 신인상으로 등단
시집 『엘리사벳의 기도』 『처녀작』 출간
'서울포엠예술회' 창단
시낭송가

## 배 띄워라


두물머리 나루터에 황포돛대가 있다
마지막 뱃사공 어디론지 간 곳 없다

검룡소에서 내려온 남한강 물과
금강산에서 내려온 북한강 물줄기가 만나는 곳
수많은 사연들 두물머리 물속에 잠기고
깊은 한을 머금고 잔잔한 파도로 노래를 부르고 있다
통일의 염원도 사대 강의 삶의 노래도
천년 가는 느티나무 앞에
여인들의 한을 비는 마음도
황포돛대에 실려 있다

한 푸는 살풀이로 너울너울 춤도 추어 보고
배뱅이가 왔수다 굿도 하며
소리쳐 외쳐 본다
떡매도 쳐 보고
길놀이도 하건만은
마지막 황포돛대 구경꾼만 모이고

아무리 소리쳐도 뱃사공 없는 황포돛대
눈이 와도 노를 젓고
비가 와도 노를 젓던 두물머리 황포돛대
사공은 어디 가고 빈 배만 떠있는가

배 띄워라 배 띄워라
한 많은 두물머리 황포돛대
떠나가고 있다.

# 홍중기

## 사랑

아이리쉬 커피를
마시며
눈을 떠요

아무 소식 모르고
헤어진 사람들의
얼굴을

그렇게
만났다가 나도 모르게
헤어지는 모습은
슬프지요

오솔길로
걸어간 자리
나뭇잎들은 떨어져
뒹굴고

바람으로 일으켜 세우는
그림자로
별빛은 내리네요

베트남 나트랑, 사이공 방송국 근무(종군기자)
시집 『아기 걸음마』(1982)로 작품 활동 시작
포엠콘서트 6회 개최
현 한국전쟁문학회 자문위원
방송인

# 소리

세종의 동상이
시민을 내려다본다
이순신의 동상은
먼 바다를 본다

세종은 훈민정음을
펼쳐놓고
ㄱ ㄴ ㄷ 을 가르친다

이순신은 칼을 차고
동해바다 서해바다
제주바다
독도를 지키는 장수의 듬직한
모습을 준다

그 거룩한
인물 글 동상 앞에 모여
말 같은 말
말 같지 않은 말로
뒤엉켜서 드러눕는 바람

전쟁 같지 않은 전쟁
우린 가담할 수 없는
싸움터를
지나고 있다

# 홍찬선

## 바람

그대 바람 보았는가
소리 없이 왔다가 말없이 가도
퍼뜩 알아차리게 자취 남겨 놓은 마음

그대 바람 들었는가
겨울 오는 길목 종종대는 서리 결
마저 들키지 않으려 살금살금 와
열 손가락 다소곳이 두 눈 살짝
가리며 나 누구게 하는 깜짝 걸음

그대 바람 느꼈는가
고이 품은 사랑 꺼내기 쑥스러워
슬그머니 꺼내는 봉투 속 가지런
자리 잡고 달려온 꿈에 본 그 님

그대 바람 받았는가
어려움 지나 달달이
알뜰살뜰 크는 살림

충남 아산 출생
'시세계' 신인상 등단(2016)
시집 『틈』 『결』 『길-대한제국진혼곡』 『삶-DMZ해원가解寃歌』
『얼-3.1정신 혼찬송魂讚頌』 등 출간

## 농업인 날

십일은 흙이 되고 또 십일 땅이 되어
높은 뫼 땅 아래로 몸 맘 닦아 내려오고
꼿꼿한 머리 숙여 두터운 열매 맺어
봄부터 쏟은 정성 어깨춤이 살아난다

하나가 열이 되고 열이 또 하나 되어
하늘 땅 음(陰)과 양(陽)이 한마당서 어울리고
마침은 처음이라 황금벌판 들썩이니
처마에 깃든 새들 너그럽게 아침 맞네

두텁게 실은 땅이 다시 뫼로 올라 설 때
큰 열매 고이 간직 한 자 얼음 이겨내고
어제는 우루과이 오늘은 더블류티오
부모형제 흘린 피땀 한숨 눈물 응얼진다

빼빼로 총각의 날 얼치고 설쳐댄 속
탈출구 없는 걸까 주인 떠난 빈집 늘고
깊어가는 낙엽 시름 얼음으로 이어져도
가래떡 벗 삼은 삶 어버이로 모셔 사세

# 황선태

## 꼬부라진 손

흙 묻은 껍질 깎아낸다
딱딱한 껍질 깎아낸다

지하철 통로 홀로 좌판 차려놓고
더덕 다듬는 할머니 꼬부라진 손

단속의 눈 걱정 되고
찾아오는 발길 뜸하지만
얼굴엔 밝은 등불 켜져 있다

우리 삶이 고단할 때
미소띤 날 몇 날
감사한 날 몇 날이려나

내 마음 깎여져
환하게 너그럽게
바로 서는 귀갓길

'시와시학' 신춘문예 등단
시집 『꽃길의 목소리』 『산자락 물소리』 출간
법무법인 로고스 고문변호사

## 버리고 싶은 자

나는 오래된 자 한 개를 갖고 있습니다
눈금은 선명한
엄격한 아버지로부터 물려받았는지
아니면 스스로 갖춘 건지는 알 수 없습니다
자는 편하라고 만든 것일진대
나는 오히려 자 때문에 불편할 때가 많았습니다.

갖고 싶은 것도 갖지 못하고
하고 싶은 것도 하지 못하고

사람들과 어울릴 수 없을 때는 참 괴로웠습니다
그래도 웃으면서 속으로
늘 자를 만지고 있었습니다

이제 자를 멀리 버리려고 합니다
눈금 없이
불유구不踰矩*를 누리고 싶습니다
자를 미련 없이 던져 버리렵니다.

*나이 70이 되면 마음 원하는 대로 행해도 법도에 어긋남이 없다는
 논어의 從心所欲不踰矩종심소욕불유구에서 따옴

# review

# 서울시인협회와
# 월간 시가
# 2019년에 한 일들

### 시 제호 변경

창간 6년이 되는 2019년 1월호(통권 60호)부터 제호를 '시'로 변경하였다. 창간 때부터 사용해 오던 영문 제호 see를 한글 제호 '시'로 변경한 것이다. 제호 변경은 진작 결행했어야 할 숙제였다. 지구상의 모든 문자 중에서 가장 우수하다는 인정을 받고 있는 자랑스러운 한글로 제호를 바꿈으로써 '시의 대중화'와 '독자와 소통이 잘 되는 시'를 지향하는 시 전문지의 역할에 더 충실할 수 있게 되었다.

### 김기준 한상호 '아시아 시인상' 수상

1월 20일 중국 후먼 시에서 열린 '국제시가대회'에서 김기준 한상호 두 시인이 제3회 '아시아 시인상'을 수상하였다. 중국 구어시연맹口語詩聯盟과 뉴욕 신세기시전新世紀詩典(NPC, New Centry Poetry Committee), 뉴욕 국제작가예술인협회 등이 주관하는 '아시아

'시인상'은 2019년부터 중국어 외의 언어로 시를 쓰는 시인들을 대상으로 수여하기로 하였는데 그 첫 번째 수상자로 서울시인협회 시인이 수상하게 된 것이다. 중국 구어시연맹은 중국 시단의 제3시대를 이끄는 이사 伊沙 시인이 주도하는 단체로, 현재 3,000명 의 시인이 중국의 낡은 '문어시 文語詩'를 타파하고 일상의 언어로 시를 쓰는 시운동을 벌이고 있다. 김기준 시인은 "등단 3년만에 큰 상을 받게 되니 기쁨보다는 두려움이 앞선다"면서
"초심을 잃지 않고 부끄럽지 않는 시인이 되겠다"고 했고, 한상호 시인은 "한국을 대표해서 받은 '아시아 시인상'인만큼 더욱 더 열심히 시를 쓰면서 한국과 중국의 시인들이 함께 펼치는 구어시 활동에 작은 힘을 보태겠다"고 수상 소감을 통해 밝혔다.

**서울시인협회 구어시연맹(중국) 합작 협력 선언**
1월 20일 중국 후먼 시에서 주최한 중국 구어시연맹과 신세기시전 대표 이사 시인은 개막 연설을 통해 "서울시인협회가 추구하는 '시의 대중화 운동'이 구어시연맹이 펼치고 있는 '입말시(구어시)' 운동과 방향이 같으므로, 앞으로 서울시인협회와 중국 구어시연맹은 여러

사업에서 협력하여 합작 관계를 가질 계획"이라고 선언하였다.

### 동인시집 2019 창간 설명회 개최
2월 9일, 서울 광화문 '커피빈'에서 시문학회 연간 앤솔로지와 서울시인협회 연간사화집과는 별도로, 시의 주제와 표현 방식에서 경향이 비슷한 시인들끼리 동인활동을 함께 하자는 데 뜻을 모으고 동인시집 창간 설명회를 가졌다. 이 설명회에서는, 형식과 언어의 새로움을 추구하는 도전적인 경향의 시를 지향하는 시인들은 '경계의 확대', 소통이 잘 되는 시를 선호하며 생활 시를 추구하는 시인들은 '공감과 치유' 등 2개의 동인시집을 창간하기로 의견을 모았다. '경계의 확대' 동인시집 발간책임은 이충재 시인, '공감과 치유' 동인시집 발간책임은 김기준 시인이 각각 맡기로 하였다.

### 유튜브 문학방송 "시와 함께" 개국
2월 한 달 간 장비를 구입하고 스튜디오를 마련하여 3월 1일 유튜브 문학방송국을 개국하였다. 명칭은 "시와 함께", 촬영진행, 편집, 방송진행은 민윤기 시인이 도맡았다. 1인 미디어 체제. 2018년 하반기에 시 잡지 홍보를 위해 페이스북, 인스타그램 등 개인 콘텐츠 활동을 벌였으나 기대에 미치지 못하였다.

그 결과 유튜브 방송을 하기로 한 것이다. "시와 함께"라는 검색어로 유튜브에 접속하면 시와 시인과 관련한 관련 기사들을 볼 수 있다.

### 이충재 시인, 시문학회 초대 회장
시문학회는 3월 30일 서울 종로 2가 파고다어학원 북카페에서 열린

2019년 연차총회에서 초대회장에 이충재 시인을 선출하였다. 서울시인협회 안에는 그동안 월간 시 당선시인들의 '월간시문학회'와 다른 매체 등단 출신 시인들의 '시인작가회'가 별도 운영되어 왔는데, 시문학회로 통합, 발족하였다. 이충재 시인은 1994년 '시와 의식' 신인상으로 등단한 후 10권의 시집을 낸 시인이자 2016년 월간 시 '시평론상'에 당선한 문학평론가로서 현재는 '시치료연구소'를 운영하고 있다. 이날 부회장 김병준 노 희, 총무 조용철, 추천시인상 간사 이재호, 청년시인상 간사 박창호, 특별시인상 간사 이송령 시인이 각각 선임되었다.

**'경계의 확대' '공감과 치유' 동인시집 창간**

좁은 발표 지면을 스스로 확보하고 적극적인 시 쓰기를 실천하기 위해 2019년을 동인활동 원년으로 정한 서울시인협회의 동인활동 계획에 따라 추진해온 '공감과 치유'와 '경계의 확대' 동인시집이 창간되었다.『잠시 쉬어가도 괜찮아』라는 제목으로 출간된 '공감과 치유' 동인시집에는 김기준 김애란 김영희 김태선 신남춘 염정금 원임덕 이관일 이정식 이한센 임하초 정인경 등 12명의 시인이 참여하였다. 한편『당신이 준 연애의 맛』이라는 제목으로 출간한 '경계의 확대' 동인시집에는 강동희 김병준 김영선 김용희 노 희 송일섭 신기섭 이재호 이충재 정병기 조용철 등 11명의 시인이 참여하였다.

## 윤동주 기리는 3개국 문학투어 대장정

4월 12~13일 1박 2일, 28명의 시인들과 함께 윤동주 육필 시 원고 보관 장소인 전남 광양시 망덕 포구 정병욱 생가를 다녀왔다. 코스는 광양 망덕 포구-정병욱 생가-하동 정공채 시인 생가-박경리문학관- 최참판댁. 이로써 2017년 '윤동주 100년의 해' 선포식에서 윤동주 시인을 기리는 행사의 하나로 기획된 '윤동주 문학여행'이 마무리 되었다. 제1차 도쿄-교토 지역, 제2차 현해탄 건너 후쿠오카 지역, 제3차 중국 용정 지역, 그리고 정병욱 생가 탐방으로 진행되었다. 4차례의 국내외 윤동주 생애 흔적지 탐방을 통해 윤동주 도쿄 하숙집 터, 릿교대, 교토 도시샤 대, 우지강 아마가세 최후의 사진 촬영장소, 용정 생가와 묘소, 은진중학교 등을 직접 탐방할 수 있었다.

## 제27회 공초문학상에 유자효 시인

유자효 시인이 서울신문사 제정 '공초문학상'을 받았다. 6월 5일 프레스센터 시상식에서 유자효 시인은 "공초 오상순 선생을 구상

시인이 평생 모셨다. 그런데 공교롭게 제가 지금 '구상선생 기념사업 회장'인데, 공초문학상을 받게 되니까 공초 선생과 구상 선생을 이어주는 문학적 인연 같은 걸 느꼈다. 공초와 구상이라는 시혼(문학혼)을 이어받아 저의 문학이, 이 수상을 계기로 깊어지고 풍요로워지는 그런 계기가 되기를 바라는 마음"이라고 수상 소감에서 밝혔다. 유자효 시인은 서울시인협회 초대 회장으로서 협회가 위상을 세우고 터를 잡는 데 큰 역할을 한 분이다.

### "시와 함께" 문학방송 조회수 급증

8월 2일, 민윤기 시인이 진행하는 "시와 함께" 유튜브 문학방송 조회수가 급증하고 있다. "시 한 편에 2천만 원" 동영상 조회 수가 1,000회에 이르는 등 시문학

관련 방송으로는 높은 조회 수를 기록하며 큰 주목을 받았다. 이 방송 내용은 제주경제일보, 영주일보 등 여러 매체들이 인용하는 등 문단 안팎의 주목을 끌었다.

### '열정시대' 동인, 4인 시집 출간

9월 25일 '열정시대' 동인 4인의 공동시집이 발간되었다. 『내 안에 하늘이 조금만 더 컸으면 해』라는 제목으로 발간된 이 공동시집에는 '청년시인상' 당선시인 김경진, 김준호, 신정아, 최진영 등 4명의 동인 작품 80편이 수록되었다. 조명제 시인은 "시가 어렵고, 시 쓰기가 어렵고,

읽혀지기가 어렵다는 시대인데도 맑고 높고 참신한 신진들이 뜻을 같이하여 공동시집을 세상에 헌정해 주는 일은 반갑고 기특하기 그지없는 사건"이라면서, "대체로 간결하게 시를 쓰는 김경진, 행간의 방백과 심상의 반전이 특장인 김준호, 사유의 깊이와 방법적 변용이 탁월한 신정아, 현실적 현상의 리얼리티가 장점인 최진영"이라는 평설을 보탰다.

**월간 시 인기연재물 단행본으로도 높은 인기**

월간 시에 연재 중인 기사들이 앞서거니 뒤서거니 단행본으로 출판되어 독자들의 좋은 반응을 얻고 있다. 9월 25일 문화발전소에서 출간한 '시 읽어 주는 남자2' 『잠들지 못한 밤에 시를 읽었습니다』(유자효 책임편집)는 김남조 김초혜 도종환 문태준 신달자 오탁번 이건청 장석주 정호승 천양희 허영자 등 164명의 한국 대표시인들을 "어떻게 한 권의 시집에 담을 수 있었나?" 하는 찬탄 속에 소문나지 않게 인기몰이를 하며 판매되고 있고, 10월 15일 스타북스에서 출간한 민윤기의 『다음 생에 다시 만나고 싶은 시인을 찾아서』는 탐사형식의 산문집이다. 민윤기 시인은 이 책에서 백 석 윤동주 이 상 김기림 박인환 김종삼 한하운 천상병 등, 이미 전설이 되다시피 한 작고 시인들의 생애 현장을 직접 취재를 통해 여러 가지 놀라운 사실들을 밝혀내 공개하고 있다.

**첫 가을시인학교 개최**

서울시인협회가 해마다 개최해 온 '여름시인학교'가 올해는 '가을시인학교'로 개최되었다. 10월 4일~5일 이틀간 경기도 남양주시

삼봉리 소재 뵈레아 아카데미연수원에서 진행된 가을시인학교는, 유안진 시인과 이문재 시인의 시 창작 특별강의와 함께 명예회장 이근배 시인의 "나랏말씀과 겨레문자", 초대 회장 유자효 시인의 "유자효 시집읽기에서 만난 명시들", 허형만 시인의 "사전에서 잠자는 순우리말 활용으로 시 쓰기" 등 쉴 틈 없는 열강이 이어졌다. 또한 열띤 경연 속에 진행된 시낭송대회는 최우수상 신남춘, 우수상 이하재, 백승문, 조장한 시인이 입상하였고, 백일장은 김지유, 정서윤이 장원급 수준의 작품으로 차상에 입상하였다.

## 문학人신문 등록 2020년 2월 창간

신아미디어그룹(회장 서정환)은 주간 '문학人신문'을 등록 신청하여 서울시장으로부터 '신문사업 등록증'을 받았다(발행인 서영훈, 편집인 민윤식). 등록증에는 "문학예술인들의 작품 및 평론, 행사, 도서, 인터뷰 등 문학 관련 정보를 제공하여 문학예술인의 위상과 문학발전에 기여'를 발행 목적으로 하고 "타블로이드판 8~32면으로 발행한다"는 내용이 기재되어 있다. 창간호는 2020년 2월 1일로 예정하고 있다. 성공적인 창간을 위해 D-데이를 정해 놓고 취재편집 기자, 편집장 인선과 독자망 구축, 0호판 홍보지 발행, 전국 주재 네트워크 구축, 창간 콘텐츠 기획회의 등 정해진 일정에 따라 기존의

'문학신문'과는 차원이 다른 새로운
내용의 콘텐츠를 생산하기 위해
공부하고, 실습하고, 고치는, 다시
만드는 작업을 반복하면서 창간 일정을
소화하고 있다. 로고에서부터 내용까지,
편집디자인에서 배포 방식까지….

### 걷기와 문학기행, 총 7회 연인원 220여 명 참가

2019년 한 해 동안 총 7회 문학기행을
실시했다. 건강을 위한 걷기를 겸한
작고시인 생애 흔적지 탐방 형태로
진행하다가 하반기에는 순수한
문학기행으로 형식을 바꿔 진행하였다.
1월 26일 연천 차탄천 걷기와 김상용
시인 생가마을 죽터골, 4월 12-13일 전남 광양 윤동주 유고 시 보관
장소와 정공채 생가마을, 5월 25일 명시「방우리에서」현장 충남 금산
부리면 적벽강, 6월 22일 두주봉 산행과 정지용 생가, 7월 27일 서울
종로지역 박인환, 윤동주, 장만영, 노천명, 이 상, 김수영 등 생애 흔적,
8월 31일 안성 출신 작고 시인 정진규 박두진 생가, 임홍재 묘소, 11월
9일 인제 지역 박인환 만해마을, 시집박물관 탐방 등으로 이어졌다.
적게는 10여 명 많을 때는 40명 가까운 시인들이 문학기행에
동행했다.

### 이근배 시인 제39대 예술원 회장

11월 18일 대한민국 예술원은 이근배 시인을 대한민국예술원
제39대 회장으로 선출하였다. 서울시인협회 명예회장인 이근배
시인은 1940년 충남 당진에서 태어나 1958년 서라벌예술대학

문예장학생으로 입학, 김동리 서정주 교수의 지도로 소설과 시를 공부하였다. 1961년~1964년 경향신문, 서울신문, 조선일보, 동아일보 등 5대 일간신문에서 시, 시조, 동시가 당선되어 등단하였다. 시집『노래여 노래여』『추사를 훔치다』 등 10여 권이 있고, 장편서사시「한강」 기행산문집『시가 있는 국토기행』 기념시집『대백두에 바치다』를 냈다. 서울예대, 신성대 등에서 시창작 강의를 했으며 중앙대 초빙교수로 봉직하고 있다. 이런 문학적 공로를 인정받아 편운문학상, 정지용문학상, 심훈문학상, 한국시인협회상 등을 수상하였다. 이근배 시인은 2014년 서울시인협회가 창립한 이래 지금까지 명예회장을 맡아 여름시인학교 등의 크고 작은 행사와 월간 시 발행을 적극 지원함으로써 '시의 대중화 운동'을 펼치는 서울시인협회의 발전에 크게 이바지하였다.

## 시문학회 2019 앤솔로지 발간

12월 15일 시문학회 2019 앤솔로지가 출간되었다. 시문학회 회원 38명의 작품을 수록하여 "올해의 좋은 시 38인 자선집自選集" 제목으로 발간한 이 앤솔로지는 제목과 같이, 수록 시인들이 스스로 8편 또는 10편씩 올해의 '베스트' 신작을 수록한 앤솔로지라는 데 의미가 크다. 편집은 4부. 1부 김선옥, 원임덕, 노 희, 이충재 등 등단 10여년 이상, 2부 김영희 이나경 이화인 전미소 등 등단 10년 안팎, 3부 강동희

김기준 천영희 등 5년 안팎, 4부 김병준 김용아 김태서 김경진 최유미 등 등단 3년 이하… 등단 연차별로 편성하였다.

## 단행본 시집 21권을 발간하다

올 한해 총 21권의 시집을 발간하였다. 시인특선 단행본 시집으로 이나경(030) 박창호(031) 이충재(032) 조장한(034) 김윤겸(034) 강기수(035) 이옥주(036) 김태선(037) 박잎(038) 이영균(039) 이영(040) 정태호(041) 고용석(042) 시문학회앤솔로지(043) 송현숙 시집(044) 등 15권에다, '시와 함께' 단행본 시집으로는 이나경의 『미리내 일기』 공감과 치유 시집 『잠시 쉬어가도 괜찮아』 경계의 확대 시집 『당신이 준 연애의 맛』 '열정시대' 동인시집 『내 안에 하늘이 조금 더 컸으면 해』 김기준, 이충재, 전미소 3인 시집 등 5권, 서울시인협회 연간사화집 『시인은 시를 쓴다-4』 등 1권, 스타북스판 이정식 시집 1권 등 21권이다.

## 3대시인상 공모전 통해 등단 25명

2019년 한 해 동안 월간 시 공모전 '추천시인상' '청년시인상' '공감시인상' 등 3대 시인상을 통해 총 25명의 시인을 문단으로

배출했다. '추천시인상'으로는 이옥주, 최윤미, 노석주,
양재영(제21회), 박수수, 홍대욱(제22회), 안정윤, 권기일(제23회),
김정애(제24회), 김윤태, 김지유, 옥세현, 정서윤, 최유미(제25회)
등 14명, '청년시인상'으로는 박소해, 권용상, 최신애, 용 하,
여인어(제6회), 권덕행, 차현주(제7회), 구 현, 조명현(제8회) 등
9명, '공감시인상'으로는 지 예, 강기수 2명이 등단에 성공한 것이다.
등단한 시인들을 위해 월간 시는 지면을 아끼지 않고, 동인시집,
시문학회 앤솔로지 발간은 물론 협력 관계의 여러 계간지에도 작품
발표를 하도록 적극적으로 주선하고 있다.

## 서울시인협회 2019-2020 연간 사화집 헌정

서울시인협회 회원들이 올해 발표한 대표작(또는 신작)을 수록한
2019-2020년판 연간 사화집 『시인은 시를 쓴다-4』가 발간되어
송년회에서 헌정된다. 이근배 명예회장을 비롯해서 유자효 초대회장,
허형만 월간 시 심사위원장, 김기동 등 원로 시인은 물론 올해 등단한
김정애, 김지유, 최유미 시인 등과 김성춘, 김재원, 소재호, 안혜초,
소재호 시인 등 주요 시인 190명의 작품이 수록되었다. 연간 사화집
제목 '시인은 시를 쓴다'는 서울시인협회의 모토이기도 하다.

2019/2020 ANNUAL BOOK
society of seoul poets

# 시인은 시를 쓴다 4
서울시인협회 연간사화집 2019/2020

제1쇄 인쇄 2019. 12. 25
제1쇄 발행 2019. 12. 30

엮은이 서울시인협회
펴낸이 서정환

펴낸곳 문화발전소
서울시 종로구 19일(종로1가) 르메이에르 종로타운 1601호
전화 02-723-1188  Fax 02-735-5501
이메일 starbooks22@naver.com

ISBN 979-11-87324-53-9  03810

이 도서의 국립중앙도서관 출판예정도서목록(CIP)은
서지정보유통지원시스템 홈페이지(http://seoji.nl.go.kr)와
국가자료공동목록시스템(http://www.nl.go.kr/kolisnet)에서
이용하실 수 있습니다. (CIP제어번호 : CIP2019050434)

값 20,000원

ⓒ2019 munhwabaljeonso.
PRINTED IN KOREA

*파본 및 제본이 잘못된 책은 구입서점에서 교환하여 드립니다.
*이 책은 저작권법에 의해 보호받는 저작물이므로 이 책의 전부 또는 일부를 재사용하려면
 반드시 스타북스와 월간 시see의 허락을 받아야 합니다.